LOGÍSTICA REVERSA COMO SOLUÇÃO PARA O PROBLEMA DO LIXO ELETRÔNICO

Benefícios Ambientais e Financeiros

Eduardo Correia Miguez

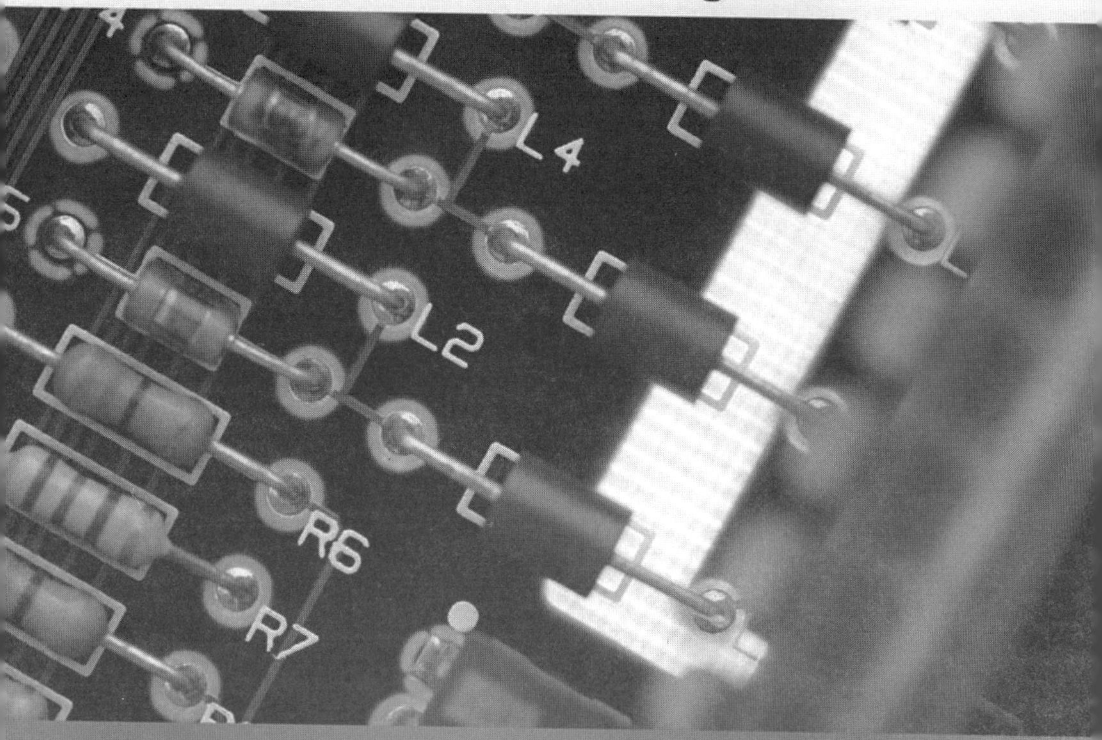

LOGÍSTICA REVERSA COMO SOLUÇÃO PARA O PROBLEMA DO LIXO ELETRÔNICO

Benefícios Ambientais e Financeiros

Copyright© 2012 by Eduardo Correia Miguez.

Todos os direitos desta edição reservados à Qualitymark Editora Ltda.
É proibido a duplicação ou reprodução deste volume, ou parte do mesmo,
sob qualquer meio, sem autorização expressa da Editora.

Direção Editorial
SAIDUL RAHMAN MAHOMED
editor@qualitymark.com.br

Produção Editorial
EQUIPE QUALITYMARK
producao@qualitymark.com.br

Capa
K2 Design e Serviços Ltda.

Editoração Eletrônica
K2 Design e Serviços Ltda.
atendimento@k2design.com.br

1ª Edição
2010
1ª Reimpressão
2012

CIP-Brasil. Catalogação-na-fonte.
Sindicato Nacional dos Editores de Livro, RJ

M578L

Miguez, Eduardo Correia
  Logística reversa como solução para o problema do lixo eletrônico : benefícios ambientais e financeiros / Eduardo Correia Miguez. – Rio de Janeiro : Qualitymark Editora, 2012.
  112p.
  Inclui bibliografia
  ISBN 978-85-7303-950-4

  1. Logística empresarial. 2. Reaproveitamente (Sobras, refugos, etc.). 3. Produtos elétricos. 4. Produtos eletrônicos. 5. Responsabilidade social da empresa. I. Título.

10-3495

CDD: 658.788
CDU: 658.78

2012

IMPRESSO NO BRASIL

Qualitymark Editora Ltda.
Rua Teixeira Júnior, 441
São Cristóvão - Fax: (21) 3295-9824
20921-405 – Rio de Janeiro – RJ

www.qualitymark.com.br
E-mail: quality@qualitymark.com.br
Tel: (21) 3295-9800 ou (21) 3094-8400
QualityPhone: 0800-0263311

Agradecimentos

À minha esposa Alyne, pela inspiração
e por fazer parte da minha vida.
Aos meus pais Lídia e Geraldo, por terem me ensinado tudo que sei.
Ao meu irmão Ricardo, por todo carinho, incentivo e dedicação.
À Olinda, Luzia, Inês e Bia, pelo carinho e apoio.
À Sandra e Miguel, pelo carinho.
Aos amigos da Uerj.
Aos amigos Luiz Felipe, Vítor Bemvindo, Flávio Chedid, Flávio Lacerda, Bruno Medeiros, Ramon Diácovo, Leonardo Bastos, Ângelo Vimeney, Pablo Barros, Bruno Chuairi, José Augusto e Pedro Pires.
À amiga Ada Cristina Gonçalves.
Aos amigos Fabrício Molica de Mendonça e Geraldo de Andrade.
Aos amigos do SAGE/UFRJ, em especial
ao meu orientador do mestrado Rogerio Valle.
A todos que me ajudaram durante o mestrado, citando aqui os professores: Erwin Van der Laan, Marisa de Brito, José Carlos Barbieri, José Antônio Peixoto, Virgílio Ferreira Filho, e aos Srs. Giancarlo Teixeira, Sílvio Fachim e Matt Chmielewski.

Prefácio

Durante muitos anos, o conceito de desenvolvimento foi interpretado como sinônimo de promoção de crescimento econômico e aumento de riqueza, com base na coevolução e interatividade dos sistemas produtivo e econômico. Neste modelo, o sistema produtivo gera bens e o sistema econômico absorve tais bens e paga por eles. Para atender as demandas do sistema econômico, o sistema produtivo tem requerido e exaurido os recursos naturais tais como a água, as florestas naturais, as jazidas de minério, os combustíveis fósseis, o solo, etc.

A partir das consequências sociais, ambientais, ecológicas e geográficas desses modelos – que poderiam levar ao colapso de toda uma civilização – tornou-se necessária a adoção de um novo modelo de desenvolvimento que seja capaz de garantir a sustentabilidade dessa sociedade. Isso faz surgir estudos de logística reversa com o intuito de contribuir para a diminuição do uso de recursos não-renováveis e redução ou eliminação de resíduos por meio da reciclagem, do reuso e da compostagem.

Esta obra, *Logística Reversa Como Solução para o Problema do Lixo Eletrônico: Benefícios Ambientais e Financeiros*, tem por finalidade apresentar, de forma clara e objetiva, conceitos e aplicações de logística reversa, avaliando os aspectos ambientais, sociais e econômicos para a organização.

A inserção da variável econômica é considerada um estímulo para que as empresas comecem a direcionar o foco de atenção para a seguinte indagação: Como utilizar a logística reversa para atender aos requisitos ambientais e sociais e, ainda, obter ganhos financeiros e/ou minimizar os custos dessa prática?

Assim, o livro foi estruturado em três partes.

Na primeira parte são discutidos conceitos relevantes sobre a logística reversa, tais como: logística direta e reversa, previsão de retorno, a visão de processo dentro da logística reversa, motivações e impactos da logística reversa no planejamento e controle da produção.

Na segunda parte são apresentadas as atividades de logística reversa de equipamentos e componentes eletrônicos, ressaltando o marco regulatório, o guia ambiental de produtos eletrônicos e, ainda, questões sobre políticas falhas de logística reversa, dentro do comércio internacional.

Na terceira parte do livro, são apresentados estudos de caso específicos, mostrando diferentes estratégias de logística reversa de produtos eletrônicos, utilizados por empresas, de modo a atender legislações específicas, contribuir para que a sociedade caminhe rumo a um desenvolvimento mais sustentável e, ainda, os retornos financeiros requeridos dessas estratégias.

Para incorporar a variável ambiental na análise dos processos da organização, é necessário identificar o impacto de cada atividade do fluxo do processo no meio ambiente.

A minha experiência profissional mostra que existe no mercado uma carência de literatura nessa área, principalmente conciliando retornos financeiros às atividades de logística reversa, por isso eu recomendo.

Fabrício Molica de Mendonça

Professor Doutor da Universidade Federal de São João Del Rey

Sumário

1 – Introdução 1

2 – Conceitos 5

    2.1 – Logística Direta x Logística Reversa 5

    2.2 – Definições de Logística Reversa 7

    2.3 – Atividades da Logística Reversa 10

    2.4 – Previsão de Retorno 13

    2.5 – Visão de Processos 14

    2.6 – Motivação das Empresas para Desenvolver
          a Logística Reversa 17

    2.7 – Responsabilidade Ambiental 18

    2.8 – Impacto da Logística Reversa no Planejamento
          e Controle da Produção 20

    2.9 – Logística Reversa de Produtos Eletrônicos 23

2.9.1 – Situação Atual 23
2.9.2 – Marco Regulatório 25
    2.9.2.1 – Waste from Electrical and Electronic Equipment 25
    2.9.2.2 – Restriction of Hazardous Substances ... 27
    2.9.2.3 – Eco-Design of Energy Using Products .. 28
    2.9.2.4 – Electronic Industries Alliance 31
    2.9.2.5 – Legislação Brasileira 32
2.9.3 – Guia Ambiental de Produtos Eletrônicos 33
    2.9.3.1 – Política Química e Práticas: 35
    2.9.3.2 – Políticas e Práticas de Responsabilidade do Produtor pelo Recolhimento de seus Produtos Descartados e Reciclagem 35
2.9.4 – Comércio Mundial de Produtos Eletrônicos: Efeitos de uma Logística Reversa Falha 36

3 – Metodologia dos Estudos de Caso 47
4 – Estudo de Caso 1: Logística Reversa na Fabricação de Televisores de CRT 49

4.1 – O Mercado 49
4.2 – A Empresa 50
4.3 – Os Subprodutos 50
    4.3.1 – O CRT 50
4.4 – A Logística Reversa na Produção 52
    4.4.1 – O Processo 53
    4.4.2 – Produção 54

4.4.3 – Previsão do Retorno 55

4.4.4 – Benefícios Gerados 56

    4.4.4.1 – Benefícios Ambientais 57

    4.4.4.2 – Benefícios Sociais 58

    4.4.4.3 – Benefícios Financeiros 59

        4.4.4.3.1 – Dados Utilizados no Modelo 61

5 – Estudo de Caso 2: Logística Reversa de Equipamentos de Informática 67

5.1 – A Empresa 67

5.2 – A Operação Reversa 68

5.3 – Previsão de Retorno de Y 71

5.4 – A Logística Reversa de PCs 72

5.5 – A Logística Reversa de Servidores 74

6 – Estudo de Caso 3: Operadores Logísticos 77

6.1 – Importância da Logística Reversa para Empresas que não Tenham Escala de Produtos 77

6.2 – Terceirização das Atividades da Logística Reversa 78

6.3 – A Empresa 80

6.4 – Operação 80

6.5 – Negociação 82

6.6 – Processo 87

6.7 – Benefícios Ambientais 88

7 – Conclusão 91

8 – Bibliografia 95

1

Introdução

A logística tradicional é um ramo de atividade bastante estudado e com conceitos bem definidos e difundidos no meio empresarial. Porém, a logística reversa se destaca neste meio, pois trata do caminho inverso da logística tradicional (ou direta), ou seja, pensa no fluxo logístico para se enviar os produtos do consumidor (ponto de consumo) até as empresas (ponto de origem).

A preocupação com o meio ambiente que toma conta da sociedade nos últimos anos faz com que consumidores e empresas se preocupem com os resíduos descartados no meio ambiente. Os consumidores passam a pressionar as empresas para que estas gerenciem todo o ciclo de vida de seus produtos, não permitindo que aconteça o descarte de substâncias tóxicas no meio ambiente. Por este motivo, para aumentar sua competitividade, somado à conscientização ambiental dos empresários, as empresas começam a compreender que podem obter ganhos financeiros juntamente com os benefícios ambientais advindos das atividades da logística reversa.

Os produtos eletrônicos contêm uma grande quantidade de substâncias danosas ao meio ambiente e à saúde do ser humano. Este fato faz com que estes produtos não possam ser descartados em aterros sanitários comuns, pois podem contaminar o ar (através da queima destes produtos) e a água (através da infiltração destas substâncias nos lençóis freáticos).

Indo ao encontro desta questão, alguns países, principalmente os membros da União Europeia, elaboraram legislações para regular sobre o gerenciamento e o descarte destes produtos.

Segundo o grupo BAN (2005), o maior problema é que muitos países não estão observando acordos internacionais (como a Convenção de Basel) no que tange ao comércio de substâncias perigosas. Estes países coletam equipamentos eletrônicos em seus territórios e, com a justificativa de que estão colaborando para a inserção digital de países pobres, enviam estes produtos para países em desenvolvimento, sem ao menos realizarem um teste prévio nestas mercadorias. Como resultado desta ação, centenas de milhares de equipamentos eletrônicos inservíveis (75% dos produtos exportados), ou seja, que não possuem viabilidade para conserto, são enviados para estes países, tendo que ser descartados imediatamente. Acontece que estes países em desenvolvimento não possuem aterros qualificados para receber estes equipamentos, fazendo com que estas sucatas sejam descartadas em aterros sanitários comuns, ou até mesmo em lixões informais.

O objetivo deste estudo é demonstrar casos em que empresas conseguem prover benefícios ambientais e obter benefícios financeiros com o uso das atividades da logística reversa e mostrar que ações que levem em conta melhorias ao meio ambiente podem caminhar ao lado de retornos financeiros para as empresas.

Neste trabalho, foi realizada uma revisão bibliográfica e três estudos de caso. Os estudos de caso foram realizados com base em pesquisa de campo e por intermédio de entrevistas semiestruturadas com os representantes das empresas.

Na revisão bibliográfica, foram selecionados textos relevantes sobre o assunto, de diversas regiões do mundo, com destaque para Europa, Estados Unidos, Ásia e Brasil. A grande maioria dos textos coletados é constituída de artigos publicados em periódicos internacionais, com grande conceito no âmbito da Engenharia de Produção.

Para os estudos de caso, foram selecionadas três empresas para serem entrevistadas, todas localizadas no estado de São Paulo. Uma das empresas é uma multinacional recicladora de produtos eletrônicos (que opera como um operador logístico para a logística reversa), outra é uma multinacional fabricante de televisores (neste caso, foram utilizadas técnicas de análise de investimento para demonstrar a viabilidade financeira do processo) e a última é uma empresa com grande atuação na área de computadores pessoais (PC) e servidores de grande porte.

A escolha destas empresas se deveu ao fato de as duas últimas serem fabricantes de equipamentos eletrônicos e com escala suficiente para realizarem as atividades de logística reversa dentro delas, permitindo, assim, uma demonstração mais clara dos benefícios que a logística reversa gera ao meio ambiente ao mesmo tempo em que fornece retorno financeiro às empresas. A escolha da primeira empresa foi porque seria importante demonstrar que mesmo para empresas que não tenham escala para desempenhar atividades de logística reversa internamente podem gerar benefícios ambientais e obter ganhos financeiros, repassando suas operações reversas a um operador logístico.

2

Conceitos

2.1 – Logística Direta x Logística Reversa

A logística direta, ou simplesmente logística, trata da compra de matéria-prima, do seu armazenamento, da movimentação dentro da empresa e do transporte até o cliente. Para BALLOU (1998), a logística pode ser definida como a maneira de se obter melhor nível de rentabilidade nos serviços de distribuição aos clientes e consumidores, por intermédio de planejamento, organização e controle efetivo para as atividades de movimentação e armazenagem visando facilitar o fluxo de produtos.

A logística direta pode ser entendida como um processo divergente, onde o produto sai de um produtor e chega a diversos clientes. Já a logística reversa pode ser abordada como um processo convergente, onde os produtos saem dos diversos clientes chegando a uma ou poucas empresas receptoras.

Segundo o *Reverse Logistics Council* (2007), as principais diferenças entre a logística reversa e a logística direta estão apresentadas na Tabela 1.

A logística reversa, como mostra DE BRITO (2003a), embora tenha tomado importância maior nos últimos anos, não é um tema novo. Não se pode precisar com exatidão quando surgiu sua nomenclatura, mas desde os anos 70 expressões como "canais reversos" ou "fluxo reverso" já existiam na literatura internacional (GUILTINAN e NWOKOYE, 1974, por exemplo). Durante os anos 80, a definição foi inspirada pelo movimento dos fluxos contra os fluxos tradicionais na cadeia de suprimentos ou, como colocado por LAMBERT & STOCK (1981), "indo pelo caminho errado". Nos anos 90, uma definição formal foi dada pelo *Council of Logistics Management*. A partir daí, diversas definições foram apresentadas e podem ser agrupadas conforme a ênfase que dão para o assunto. Serão mostradas mais adiante, as definições apresentadas pela literatura, divididas em 3 grupos.

Tabela 1: Diferenças entre logística direta e logística reversa

Logística direta	Logística reversa
Previsão relativamente direta	Previsão mais difícil
De um para vários pontos de distribuição	Muitos para um ponto de distribuição
Qualidade do produto uniforme	Qualidade do produto não uniforme
Embalagem do produto uniforme	Embalagem do produto geralmente danificada
Destinação/rota clara	Destinação/rota não é clara
Opções de descartes claros	Descarte não é claro
Preço relativamente uniforme	Preço depende de vários fatores
Importância da velocidade reconhecida	A velocidade, geralmente, não é considerada uma prioridade
Custos de distribuição direta facilmente visíveis	Custos reversos são menos visíveis diretamente
Gerenciamento de inventário consistente	Gerenciamento de inventário não consistente
Ciclo de vida do produto gerenciável	Questões referentes ao ciclo de vida do produto são mais complexas
Negociação direta entre as partes envolvidas	Negociações complicadas por diversos fatores
Métodos de marketing bem conhecidos	Marketing complicado por diversos fatores
Visibilidade do processo mais transparente	Visibilidade do processo menos transparente

Fonte: Reverse Logistics Council (2007).

2.2 – Definições de Logística Reversa

Ênfase no gerenciamento físico de produtos:

– Logística reversa é a coleta, transporte, armazenamento e processamento de produtos descartados (KRIKKE, 1998).

– Um processo que engloba as atividades de logística, todo o caminho, desde produtos usados descartados pelos usuários até produtos reutilizáveis pelo mercado (FLEISCHMANN *et al.*, 1997).

– Tarefa de recuperar produtos descartados; ela pode incluir embalar e enviar materiais e devolvê-los para um ponto central de coleta para reciclagem ou remanufatura (GUIDE *et al.*, 2000).

– Um processo em que um fabricante aceita, sistematicamente, o retorno de produtos previamente encaminhados, ou partes deles, para reciclar, remanufaturar ou descartar (DOWLATSHAHI, 2000).

– O movimento de bens do consumidor até o produtor, através de um canal de distribuição (POHLEN & FARRIS, 1992).

Ênfase no meio ambiente:

– A logística reversa se caracteriza pelas habilidades de gerenciamento logístico e atividades envolvidas na redução, no gerenciamento e no descarte de resíduos, perigosos ou não, de embalagens ou produtos. Isto inclui distribuição reversa, que faz com que produtos e informações fluam no sentido oposto das atividades da logística normal (KROON, 1995).

– O processo onde empresas podem se tornar ambientavelmente eficientes através da reciclagem, reuso e redução da quantidade de material usado (CARTER & ELLRAM, 1998).

– Logística reversa é a expressão utilizada para se referir ao papel da logística na reciclagem, disposição de resíduos e gerenciamento de materiais perigosos. Aumentando estas perspectivas, inclui todas as questões relacionadas com as atividades logísticas para cuidar da redução de fontes, reciclagem, substituição, reuso de materiais e descarte (STOCK, 1992).

Ênfase na visão geral do processo:

– O processo de planejar, implementar e controlar o fluxo de matérias-primas de forma eficaz e com eficiência de custo no inventário do processo, em produtos terminados e a informação relacionada do ponto de consumo ao ponto de origem no intuito de reagregar valor ou descartar de forma apropriada (ROGERS & TIBBEN-LEMBKE, 1998).

– Logística reversa é a área da logística empresarial que planeja, opera e controla o fluxo e as informações logísticas correspondentes, do retorno dos bens de pós-venda e de pós-consumo ao ciclo de negócios ou ao ciclo produtivo, através dos canais de distribuição reversos, agregando-lhes valor de diversas naturezas: econômico, ecológico, legal, logístico, de imagem corporativa, entre outros (LEITE, 2003).

– O processo de planejamento, implementação e controle de fluxos reversos de matérias-primas, estoque em produção, embalagem e bens finalizados, do fabricante ou distribuidor, até o ponto de recuperação ou ponto para o descarte adequado (DE BRITO, 2004).

No modelo abaixo, DE BRITO (2003a) procura abordar a motivação para o retorno dos produtos, os tipos de produtos retornáveis e como fazer para trazer os bens de volta para a empresa.

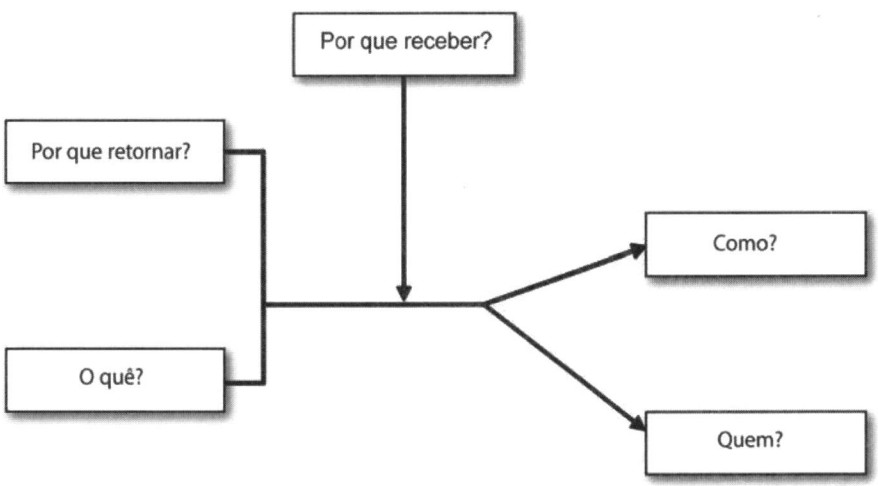

Fonte: Adaptado de DE BRITO (2003a).

Figura 1: Motivação para o retorno de produtos.

Neste esquema, a autora enfatiza a importância de se especificar que tipos de produto devem ser retornados e, por que tais mercadorias devem ser retornadas (do ponto de vista do usuário). Em seguida, do ponto de vista do fabricante, é levantada a questão de por que este deve receber o produto, como ele receberá e quem receberá (transporte próprio ou terceirizado, por exemplo).

Com este esquema, é possível fazer uma análise mais ampla da logística reversa e entender a ligação entre os diversos fatores envolvidos (quem devolve, quem recebe e quem recicla os produtos).

Na literatura internacional, a logística reversa é frequentemente denominada de *closed loop supply chain* e *open loop supply chain* (FRENCH & LAFORGE, 2006; DE BRITO, 2003a; FLAPPER *et al.*, 2004). Vale ressaltar a diferença entre estes conceitos e o conceito de logística reversa. O *Closed Loop Supply Chain* (CLSC) se refere ao retorno dos produtos que voltem para seus fabricantes originais, para que eles possam descartar, reciclar, revender ou incorporar os produtos novamente no processo produtivo, gerando, assim, um ciclo, como na figura a seguir:

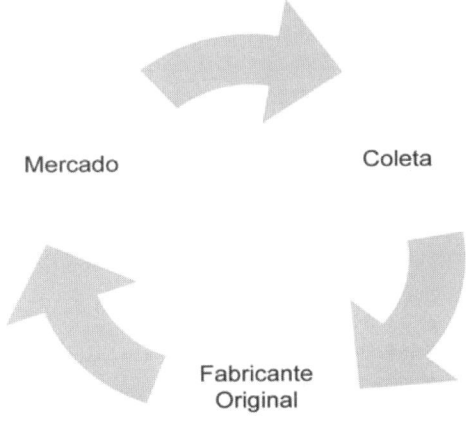

Fonte: Elaboração própria.

Figura 2: CLSC.

Segundo DE BRITO (2003a), o *open loop supply chain* significa, ao contrário do anterior, que os produtos retornados irão para outros participantes do mercado, que não os produtores originais. Um exemplo pode ser uma empresa fabricante de automóveis, onde o cliente, quando decide trocar de carro, pode vender seu carro para uma concessionária, que, por sua vez, revenderá para outro consumidor, continuando este ciclo até que o carro esteja totalmente obsoleto. Aí, então, ele poderá seguir para um ferro-velho. Neste exemplo, o fabricante original do produto não teve mais contato com o veículo.

Entretanto, segundo GUIDE & VAN WASSENHOVE (2003), há autores que consideram o CLSC como uma visão holística da cadeia de suprimento, combinando a logística direta e a reversa. Práticas de recuperação são moldadas pela cadeia de suprimentos e os aspectos do processo, como um todo, são classificados da seguinte maneira: 1) um *closed-loop* físico – para o usuário original (FLEISCHMANN *et al.*, 1997); ou 2) um *closed-loop* funcional – para a funcionalidade original; ou 3) um *open-loop*, onde nem o usuário original ou a funcionalidade original estão no processo de logística reversa. A denominação *closed-loop supply chain* enfatiza a importância de se coordenar os fluxos diretos e reversos.

2.3 – Atividades da Logística Reversa

O processo de retorno dos produtos, segundo KUMAR & MALEGEANT (2005), geralmente segue os seguintes passos:

– Coleta: onde a empresa providencia o retorno dos produtos. Pode ser por intermédio de uma transportadora contratada, através de transporte próprio para buscar as mercadorias, ou, então, os clientes podem levar o produto até a empresa, o que ocorre com produtos que vão para a assistência técnica, por exemplo.

– Inspeção/Separação: nesta parte, os produtos são inspecionados e separados os que podem ser reaproveitados dos que têm que ser descartados.

– Reprocessamento: é onde os produtos sofrem algum tipo de transformação, para que ele ou parte de seus componentes sejam reaproveitados.

– Descarte: os produtos que não foram reaproveitados (por razões econômicas ou técnicas) são enviados para incineração ou para aterros.

– Redistribuição: é o envio do produto de volta para o mercado, ou como novo ou como produto de segunda linha. Nesta parte, incluem-se atividades de venda, transporte e armazenamento.

Segundo CAROL PRAHINSKI & CANAN KOCABASOGLU (2006), as atividades que englobam a logística reversa são:

– Reuso: é a imediata revenda ou reutilização do produto.

– *Upgrade* do produto: significa reembalar, reparar, reformar ou remanufaturar o produto.

– Recuperação do produto: inclui a canibalização e a reciclagem (a empresa pode vender seus produtos para a reciclagem, aumentando assim sua receita, com itens que anteriormente eram jogados no lixo, ou, então, ela mesma pode reciclar produtos para reutilizá-los como matéria-prima).

– Gerenciamento dos resíduos: inclui incineração e envio do resíduo para aterro (para descarte apropriado).

ROGERS & TIBBEN-LEMBKE (2001) incluem as atividades em outras categorias, que são:

– Remanufatura.

– Reforma.

– Reciclagem.

– Aterro.

– Reempacotamento.

– Processos de retorno.

– Recuperação.

– Canibalização.

A canibalização é quando a empresa reaproveita alguns componentes dos produtos retornados, utilizando-os em outros, economizando assim em matéria-prima (KUMAR & MALEGEANT, 2005).

ROGERS & TIBBEN-LEMBKE (2002) ampliaram as atividades da logística reversa, considerando:

– Retorno para o vendedor.

– Venda como novo.

– Reempacotamento e venda como novo.

– Venda via "outlet".

– Remanufatura/reforma.

– Venda para um "broker" (agente, atravessador).

– Doação para caridade.

– Reciclagem.

– Descarte em aterro.

Se possível, a preferência do varejista, geralmente, é vender o item como novo. Se isto não puder ser feito, um total reembolso pelo vendedor é o segundo passo mais lucrativo. Quando o varejista comprou o produto do vendedor, um acordo foi feito sobre se o varejista poderá retornar o produto para o vendedor, e sob que condições. Se o retorno não for possível, o varejista poderá vender o produto novamente, via *outlet* ou pela Internet, como produto de 2ª linha, o que gerará lucros reduzidos. Antes de ser revendido, o produto pode precisar ser reempacotado ou remanufaturado, o que novamente reduz a lucratividade. Doar para caridade produtos obsoletos, mas ainda aptos para uso, pode gerar vantagens fiscais para a empresa, o que faria o lucro superar o que seria obtido com a revenda do mesmo.

Antes de reciclar ou descartar o produto em aterro, outra opção para a empresa é vender o produto para um "broker". "Brokers" operam no mercado secundário, vendendo e comprando produtos que, por alguma razão, não podem mais ser vendidos no mercado primário. "Brokers" costumam comprar quase qualquer produto em qualquer condição (no sentido de qualidade). Eles vendem os produtos em lugares do tipo "R$1,99", "outlets" de preço baixo e, talvez, para o exterior. Como resultado, os preços que os "brokers" pagarão são tipicamente muito baixos.

Como afirmam STOCK *et al.* (2002), a logística reversa deve ser vista como uma oportunidade competitiva e não como um custo, pois, com ela, pode-se desenvolver um melhor relacionamento com os demais envolvidos na cadeia produtiva, com os clientes e o mercado em geral (através de políticas de retorno, analisadas adiante, e por associar a marca à de uma empresa socialmente responsável).

Conforme mencionam GLENN RICHEY *et al.* (2005), a logística reversa é estratégica para a empresa, pois a definição da política de retorno de mercadorias pode fazê-la ser reconhecida como uma empresa liberal ou restritiva para a devolução de produtos. A política liberal diz respeito ao comportamento da empresa quando esta permite a devolução de produtos por parte dos clientes, em geral sem colocar qualquer empecilho para a troca. Esta política gera uma satisfação no cliente, que percebe que pode comprar o produto da empresa que, caso queira, poderá trocar ou devolver a mercadoria sem qualquer problema. No caso da política restritiva, a empresa gera dificuldade para os clientes devolverem os produtos, respeitando prazos exíguos, exigindo notas fiscais, documentos, ou só aceitando a troca de produto quando este está comprovadamente avariado e quando o defeito já veio de fábrica. As empresas restritivas têm uma perda menor com as devoluções, mas, em contrapartida, poderão ter prejuízos muito maiores com a perda de clientes insatisfeitos com a política de devolução destas (LEITE, 2003).

O crescimento da importância dada ao retorno dos produtos e o adequado tratamento dos resíduos gerados durante os processos, estão gerando uma oportunidade para as empresas, que é a de associar sua marca à de uma organização preocupada com o verde, ou seja, com o meio ambiente (FLEISCHMANN *et al.*, 2001). Podemos perceber este comportamento, com a crescente valorização de bens produzidos com materiais reciclados.

2.4 – Previsão de Retorno

Conforme afirmam DE BRITO *et al.* (2003c), na logística reversa a maior dificuldade que se encontra, e talvez esteja aí a maior diferença entre ela e o fluxo direto, é o fato de se ter pouca informação sobre a quantidade de produtos retornados. O retorno de mercadorias não é constante, o que causa grande dificuldade para as empresa preverem o quanto devem se preparar para coletarem os produtos que possam retornar (por exemplo, o quanto gastar com logística, com a triagem dos produtos e com o espaço para armazenamento). O fato de não se ter uma constância na quantidade de produtos retornados gera outro problema, que é a possibilidade de não se ter produtos suficientes, tornando-se assim itens que não sejam economicamente atrativos para serem coletados (por falta de escala). Por exemplo, se uma empresa tiver apenas poucas unidades para recolher e nenhuma lei que obrigue a coleta da mercadoria, provavelmente ela não programará o retorno da mesma, pois não vislumbraria qualquer possibilidade de lucro com isto. O estudo da previsão do retorno dos produtos, apesar de se caracterizar como uma importante questão na logística reversa, não faz parte do escopo deste trabalho. Para tanto, existem estudos como o de TOKTAY *et al.* (2003) e MARX-GOMEZ *et al.* (2002) onde eles desenvolvem técnicas para a previsão de mercadorias retornadas.

2.5 – Visão de Processos

Na literatura sobre logística reversa, alguns esquemas foram apresentados, explicitando as atividades reversas em uma visão de processos. Abaixo, alguns destes esquemas.

Com base na cadeia de recuperação de FLEISCHMANN *et al.* (2000), podemos observar o fluxo de atividades que formam o processo de logística reversa. O esquema mostra a visão de tratamento para os produtos retornáveis com ênfase apenas na cadeia reversa.

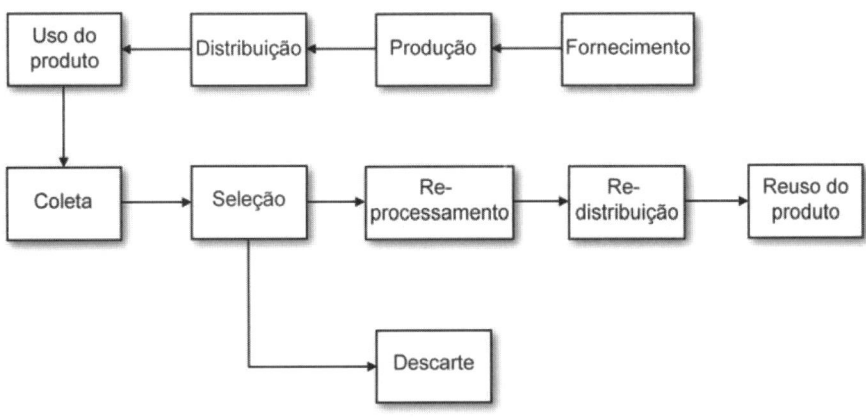

Fonte: Adaptado de FLEISCHMANN *et al.* (2000).

Figura 3: Visão de processos segundo Fleischmann *et al.* (2000).

A seguir, é observada uma adaptação do modelo de FERGUSON & BROWNE (2001), onde aparece a junção dos fluxos direto e reverso, de uma maneira simplificada.

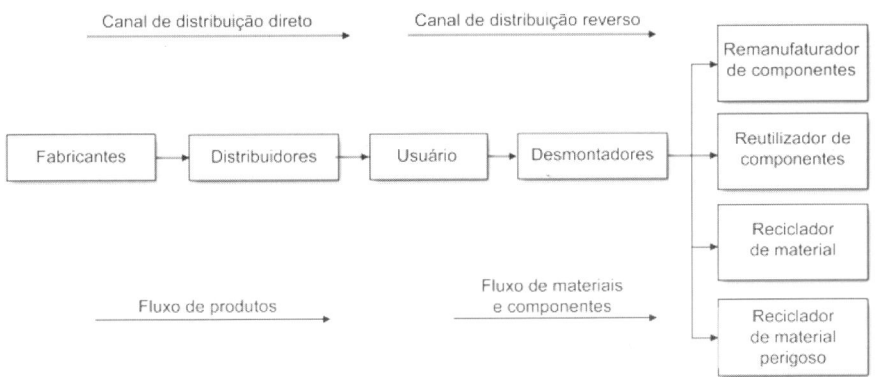

Fonte: Adaptado de FERGUSON & BROWNE (2001).

Figura 4: Visão de processos segundo Ferguson & Browne (2001).

São mostrados, agora, dois modelos de FLEISCHMANN *et al.* (1997). No primeiro, eles apresentam a comparação do fluxo direto com o reverso e, no segundo, eles explicitam o caminho que os componentes percorrem após o retorno.

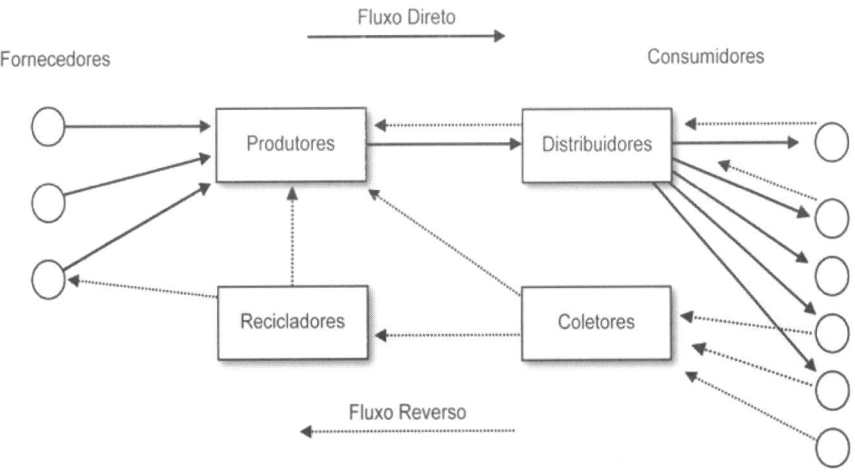

Fonte: Adaptado de FLEISCHMANN *et al.* (1997).

Figura 5: Visão de processos segundo Fleischmann *et al.* (1997).

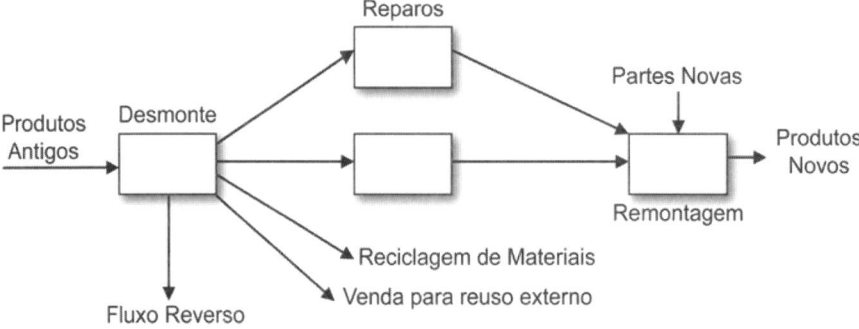

Fonte: Adaptado de FLEISCHMANN *et al.* (1997).

Figura 6: Segunda visão de processos segundo Fleischmann *et al.* (1997).

Vejamos agora o modelo apresentado por SOUZA *et al.* (2002), onde eles apresentam uma visão de fluxo direto e reverso, dentro de um mesmo esquema, demonstrando a relação existente entre eles.

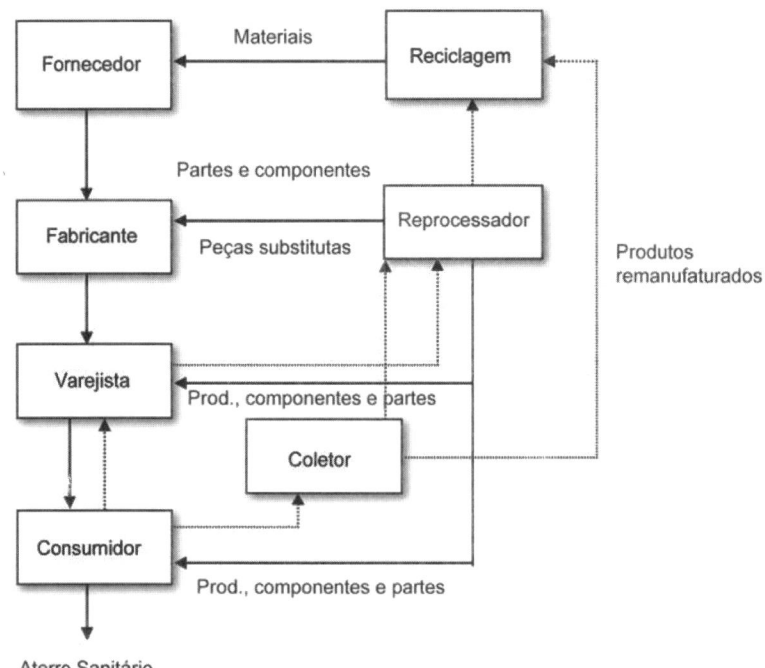

Figura 7: Visão de processos segundo Souza *et al.* (2002).

2.6 – Motivação das Empresas para Desenvolver a Logística Reversa

Diversos fatores motivam as empresas a adotarem os procedimentos da logística reversa, tais como conscientização dos consumidores, pressão do governo, questão legal, responsabilidade ambiental e geração de lucro. Em quase todos os casos, a visão de lucro se faz presente.

O *Reverse Logistics Council* (1999) realizou uma pesquisa com algumas empresas nos Estados Unidos (45 empresas), para saber suas motivações e comportamentos perante a logística reversa. São apresentados a seguir alguns resultados da pesquisa:

Gráfico 1: Utilização dos produtos retornados

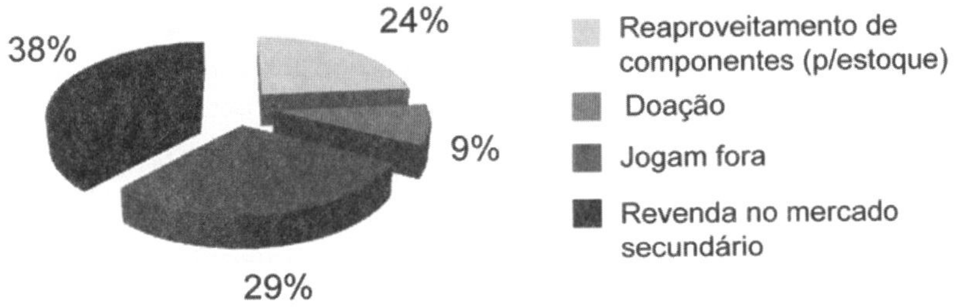

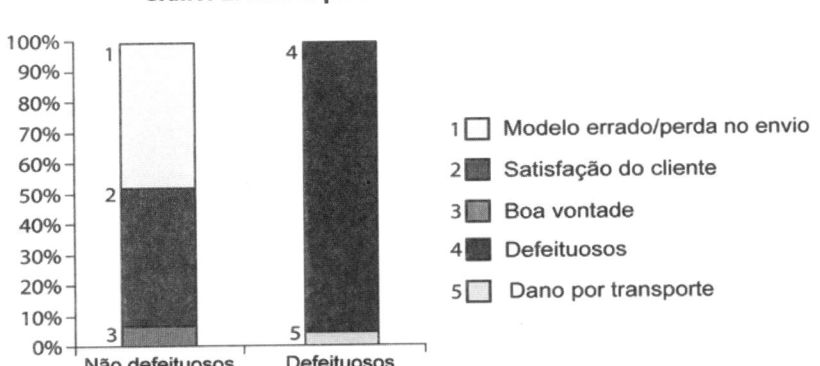

Fonte: Adaptado do *Reverse Logistics Council* (1999).

Gráfico 2: Razões para o retorno de mercadorias

Fonte: Adaptado do *Reverse Logistics Council* (1999).

Vale ressaltar que a pesquisa foi realizada antes da criação de legislações que forçam o retorno dos produtos o que fez com que este item não fosse citado no resultado.

2.7 – Responsabilidade Ambiental

A preocupação ambiental vem ganhando força nos últimos anos, com maior destaque na mídia do mundo todo. Questões como o aquecimento global já fazem parte da agenda de diversos países, gerando discussões e proposições de metas para se reduzir os poluentes jogados no meio ambiente.

A logística reversa tem impacto direto na melhoria do ambiente, pois reduz a quantidade de materiais perigosos despejados nos aterros e até mesmo em lixões e córregos a céu aberto. Outro efeito da logística reversa no meio ambiente é o recolhimento e reaproveitamento de produtos, fazendo com que menos matéria-prima virgem seja utilizada, poupando recursos minerais e energéticos.

Atualmente, os produtos começam a ser feitos com um número maior de componentes recicláveis ou reutilizáveis, evitando a geração de novos resíduos para o meio ambiente. O caso dos pneus é um exemplo da importância da logística reversa, pois as empresas fabricantes são obrigadas a coletar uma determinada quantidade de pneus velhos para cada um produzido, gerando, com isso, uma redução de poluentes jogados no meio ambiente, provenientes da queima dos pneus usados. LEITE (2003) cita alguns exemplos da economia gerada através da logística reversa, como os casos dos automóveis, do óleo combustível, do alumínio, do ferro, do plástico, da bateria e de garrafas PET.

ENRIQUE LEFF (2006) busca explicar as razões epistemológicas para a crise ambiental. Ele mostra que a ganância econômica e a busca incessante pelo lucro foram os alicerces para esta crise. Para LEFF (2006):

"A crise ambiental irrompe no momento em que a racionalidade da modernidade se traduz em uma razão antinatura. Não é uma crise funcional ou operativa da racionalidade econômica imperante, mas de seus fundamentos e das formas de conhecimento do mundo. A racionalidade ambiental emerge assim do questionamento da hipereconomização do mundo, do transbordamento da racionalidade coisificadora da modernidade, dos excessos do pensamento objetivo e utilitarista".

Em outro momento, LEFF (2006) afirma:

"O conhecimento tem desestruturado os ecossistemas, degradado o ambiente, desnaturalizado a natureza. Não se trata apenas do fato de que as ciências se transformaram em instrumentos de poder, de que esse poder se aproprie da potência da natureza, e de que esse poder seja usado por alguns homens contra outros homens: o uso bélico do conhecimento e a superexploração da natureza".

A seguir, pode-se observar que a preocupação com o meio ambiente é antiga. Conforme LEITE (2003) mostra, há diversas críticas ao consumo e à deterioração da natureza. Estas críticas são hoje os alicerces da preocupação ambiental e do aumento do consumo consciente.

Crítica ao consumo: Há diversas críticas de ambientalistas e teóricos sobre a cultura do consumo. HEBERT MARCUSE (1979) abordava esta questão quando afirmava que a sociedade dependia apenas de três necessidades básicas reais: habitação, alimentação e vestuário. Segundo ele, a mídia, "na mão" das classes dominantes (o empresariado), criava uma cultura de consumo em massa, onde incutia na cabeça da sociedade falsas necessidades de consumo. Entre as críticas ao consumo, destacam-se as seguintes:

Crítica Puritana: essa crítica enfatiza que a cultura do consumo esconde o verdadeiro significado do meio ambiente, para as falsas necessidades de bens de consumo, gerando simultaneamente a destruição da flora, da fauna, da água e do ar do planeta.

Crítica Quaker: essa crítica enfatiza os resíduos associados ao consumo. São levantados dois custos que, geralmente, não são levados em conta durante o processo produtivo, que são: custos devidos à disposição final de bens após uso e custos de reposição dos recursos utilizados. Outro conceito desta crítica é que a cultura do consumo faz com que os bens durem cada vez menos, pois a sociedade anseia cada vez mais por produtos de última geração.

Crítica Republicana: essa crítica enfatiza a responsabilidade social e cívica da sociedade e das organizações perante a questão ambiental.

Crítica Aristocrática: essa crítica está voltada para o lado estético da destruição da natureza.

Crítica Marxista: esta crítica afirma que há exploração dos países subdesenvolvidos por parte dos países desenvolvidos. Os países mais ricos exploram os recursos naturais dos mais pobres, deixando estes últimos arcarem com os problemas ambientais desta exploração colonialista.

Crítica Sistêmica: essa crítica propõe que exista um limite suportável pelo sistema terrestre, enfatizando a sobrevivência do sistema planetário na cultura do consumo.

2.8 – Impacto da Logística Reversa no Planejamento e Controle da Produção

A logística reversa possui um grande impacto no planejamento e controle da produção. Observamos este fato quando um produto é canibalizado e tem suas peças e componentes inseridos no estoque de produção, servindo como matéria-prima para novos produtos.

Na página 22 ilustramos um modelo de planejamento de produção. A partir do Plano Agregado de Produção, onde os dirigentes tomam as decisões sobre que produto deve ser produzido, tal informação é encaminhada para o Programa Mestre de Produção (PMP) que, por sua vez, é alimentado pela previsão de demanda de clientes aleatórios (aqueles pedidos que não são fixos, de maior dificuldade de previsão para a empresa) e pelos pedidos firmes de clientes conhecidos, onde a empresa já possui um conhecimento prévio da quantidade de pedidos que devem ser atendidos. Outra entrada de dados são as informações da produção. Este programa fará o cálculo de quantos produtos deverão ser produzidos e encaminhará esta informação para o planejamento de materiais (que pode contar com um sistema MRP (*Material Requirement Planning*)). O MRP é um sistema que faz o planejamento dos materiais a serem fabricados. Este planejamento é auxiliado por duas bases: em uma delas, constam as especificações dos produtos, e é chamada de Arquivo de Listas de Materiais (no inglês, *Bill of Material*, daí a sigla BOM). Este arquivo possui exatamente quantas peças são necessárias para a produção de determinado produto e suas especificações. A outra base contém o arquivo de registros de estoque, ou seja, informa quantas peças estão disponíveis no estoque, qual a demanda e qual o tempo de espera previsto para se ter as peças em estoque, para se fazer o cálculo de quantas peças deverão ser compradas. Posteriormente, este sistema gerará relatórios principais e secundários. Conforme colocado por FLEISCHMANN *et al.* (1997 e 2003), em um estudo na IBM europeia, o grande desafio da logística reversa, no tocante à produção, se refere ao controle do estoque, com o intuito de integrar a logística reversa ao processo produtivo da empresa, para que efetivamente estas atividades agreguem valor à organização.

Devemos fazer com que os responsáveis pela ordem de produção contem com os produtos retornados na hora de se calcular o material necessário para a fabricação de determinado produto. Os gerentes e coordenadores de produção alegam que não podem contar com este material, pois caso o retorno não se concretize, não haverá peças no estoque suficientes para a produção. O que ocorre é que estas pessoas não confiam no retorno dos produtos, e acreditam que sua produtividade será afetada se inserirem estas peças no planejamento (FLEISCHMANN *et al.*, 2003).

No caso do arquivo de registro de estoque, presente no MRP, o sistema programa não só as peças que já estão em estoque, mas também a demanda por elas e o tempo de espera previsto para a chegada das mesmas no estoque. Normalmente, este tempo de espera está relacionado ao tempo em que os fornecedores de matéria-prima levam para entregar seus produtos. O objetivo da logística reversa é, entre outros, acrescentar neste tempo de espera a previsão de componentes retornados. Para que tal fato ocorra, é preciso que se tenha uma previsão acurada, permitindo, assim, que o tempo de espera para que tal produto esteja no estoque fique muito próximo da realidade.

Diversos autores já propuseram modelos para o controle de inventário na logística reversa. Dentre eles, podemos citar: VAN DER LAAN *et al.* (1999), KIESMUELLER (2003), FLEISCHMANN *et al.* (2002) e DE BRITO & DEKKER (2003b).

Para que os coordenadores e gerentes de produção passem a confiar mais no retorno dos produtos, deve-se elaborar um método mais eficaz de se realizar esta previsão. Quando os responsáveis passarem a confiar mais no retorno destes materiais, a empresa poderá economizar bastante com a compra de matéria-prima, que será substituída em parte por peças e componentes retornados. Um exemplo de sucesso é o caso da empresa fabricante de CRTs, que será apresentado mais adiante.

FLEISCHMANN *et al.* (1997) abordam a necessidade de um BOM reverso, que documente, para cada produto retornado, o conteúdo dos componentes e o tempo de processamento necessário para reformá-los. Afirmam também que o BOM reverso não é necessariamente uma imagem simétrica do BOM original, uma vez que nem todos os componentes podem ser reaproveitados.

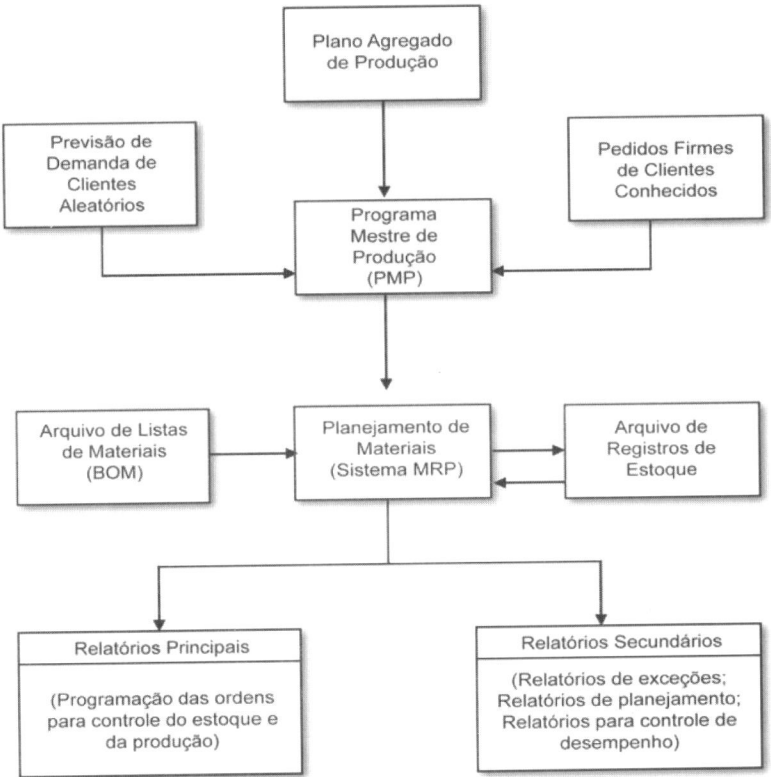

Fonte: Adaptado de DAVIS et al. (2001).

Figura 8: Planejamento da Produção.

GUPTA & TALEB (1994) desenvolveram um algoritmo que leva em consideração a dependência entre os componentes de um mesmo produto. O componente com o maior número de requisições determina o número de produtos a ser desmontado.

Outra questão importante, no que se refere à segurança que os gerentes de produção precisam ter a respeito das mercadorias no estoque, remete ao uso de dois estilos distintos (FLEISCHMANN et al.,1997). O estilo "puxado", onde as peças que chegam são armazenadas e, de acordo com a necessidade de produção, essas peças são solicitadas e vão para a fase de teste. E o estilo "empurrado", onde as peças, na medida em que chegam, vão sendo testadas e enviadas para o estoque de produção. A vantagem do estilo "puxado" é que a empresa não desperdiça tempo e dinheiro para reparar peças e componentes que talvez nem sejam necessários para a produção. A desvantagem deste estilo é que quando uma peça se faz necessária para a produção, perde-se tempo até que esta seja testada, consertada e, só em seguida, encaminhada para o estoque de produção. A vantagem do estilo "empurrado" é que a empresa não ocupa lugar em seu depósito com peças que possam estar inutilizadas ou obsoletas e que devem ser descartadas. Outra vantagem é que a empresa ganha agilidade na hora em que determinada peça for necessária para a produção, pois ela já terá sido testada, consertada e disponibilizada no estoque de produção. A desvantagem deste estilo é a vantagem do outro estilo, ou seja, pode haver peças testadas desnecessariamente, pois podem nunca ser necessárias na produção.

Analisando mais detalhadamente o arquivo de registro de estoques e o planejamento de materiais, podemos perceber na Figura 9, quais os fatores que impactam nesta fase, sendo críticos para o processo de inserção da logística reversa no planejamento da produção.

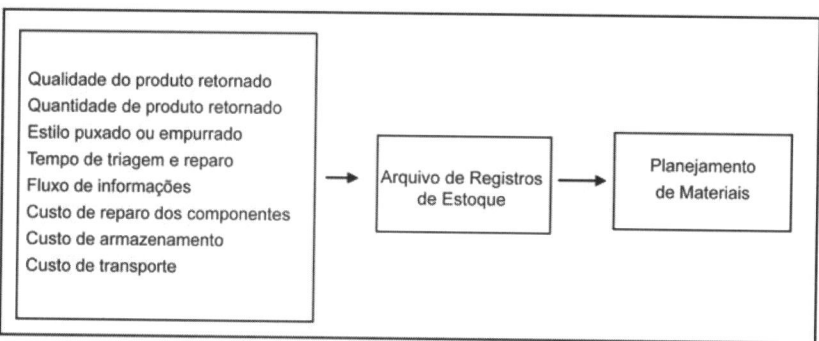

Fonte: Elaboração própria.

Figura 9: Fatores que Influenciam o Arquivo de Registro de Estoques na Logística Reversa.

2.9 – Logística Reversa de Produtos Eletrônicos

2.9.1 – *Situação Atual*

A indústria eletrônica é uma das que mais rapidamente crescem. Crescimento este acompanhado de uma maior obsolescência dos produtos e um maior descarte de eletrônicos ou lixo eletrônico. Todo ano, de acordo com o Programa Ambiental das Nações Unidas, 20 a 50 milhões de toneladas de lixo de equipamentos eletroeletrônicos são gerados mundialmente (KUEHR & WILLIAMS, 2003).

Nos Estados Unidos, mais de 100 milhões de computadores, monitores e televisões se tornam obsoletos a cada ano (e este número está crescendo). Um relatório da Associação Internacional de Recicladores de Eletrônicos projeta que cerca de 3 bilhões de unidades se tornarão lixo durante o restante da década nos EUA – ou uma média de cerca de 400 milhões de unidades por ano, incluindo 200 milhões de TVs e 1 bilhão de unidades de equipamentos de informática. O lixo eletrônico responde por 1,5% do total do lixo municipal nos EUA (KUEHR & WILLIAMS, 2003).

Aproximadamente 75% de equipamentos eletrônicos antigos estão armazenados nas residências, pois os consumidores acreditam que estes aparelhos podem render algo e, também, porque não sabem como descartá-los.

A Europa é o continente em que cresce mais rapidamente a quantidade de lixo eletrônico. Cada país europeu, na média, contribui com 6,5 milhões de toneladas métricas por ano. Esta quantidade está crescendo a uma taxa de 8% ao ano.

Apenas em 2003, 160.000 toneladas de lixo eletrônico foram exportadas pelo Reino Unido. Estudos mostraram que 22% de todo o lixo exportado durante mais de um ano eram ilegais. Estes dados foram coletados antes da WEEE (legislação que será analisada mais adiante) e, atualmente, estima-se que este número seja ainda maior.

Seja com o controle na emissão de substâncias, com o combate aos desperdícios ou com o reaproveitamento de produtos ou componentes, estaremos contribuindo para um consumo e uma produção mais racionais.

Prover vida extra aos produtos significa que, para qualquer período de tempo, haverá menos produção, menos resíduos e, quando os resíduos de pós-consumo forem perigosos, como é o caso de produtos eletrônicos, haverá menos substâncias perigosas geradas. Para o planeta, reuso significa que menos matérias-primas serão usadas, menos energia consumida e menos poluição haverá nas três fases do ciclo de vida, que são: extração de matérias-primas, fabricação e descarte/reciclagem, na maioria dos casos.

Segundo KUEHR & WILLIAMS (2003), resultados de amostras realizadas em materiais revelaram que para fazer um computador pessoal (PC) se usam 240 kg de combustível fóssil, 22 kg de produtos químicos e 1.500 kg de água. A quantidade de combustível fóssil utilizada para produzir um computador, por exemplo, é cerca de nove vezes o peso do computador, enquanto que na fabricação de automóveis ou geladeiras, este número é de uma ou duas vezes o peso do bem. Com relação ao gasto de energia, analisando-se o ciclo de vida do produto, para um computador, 80% da energia gasta estão na etapa de fabricação do produto, enquanto apenas 20% da energia são gastos durante o uso do bem. Para outros eletrodomésticos, como geladeiras, apenas 12% da energia gasta estão no processo de fabricação do bem, enquanto que 88% da energia gasta ocorrem durante o uso.

2.9.2 – Marco Regulatório

Segundo GERAGHTY (2003), a União Europeia estimou em 2003 que o volume de lixo eletrônico produzido vinha crescendo entre 3% e 5% ao ano, quase três vezes mais do que o previsto para o lixo doméstico. Este crescimento pode ser explicado, em parte, pelo alto número de obsolescência em produtos eletrônicos e o rápido avanço tecnológico, que propiciam aos consumidores a oportunidade de comprarem cada vez mais rapidamente produtos com melhorias (com últimas versões).

Somando-se à capacidade limitada dos aterros europeus, o lixo eletrônico também representa uma grande fonte de poluição de metais pesados e organismos poluentes nas correntes de lixos municipais. O despejo deste tipo de lixo em aterros gera grandes preocupações ambientais acerca do potencial de impacto destes poluentes no solo e na água.

2.9.2.1 – Waste from Electrical and Electronic Equipment

Criada, em 2003, para os países da União Europeia, a diretiva WEEE (*Waste from Electrical and Electronic Equipment*) define alvos para a coleta, tratamento, recuperação e reciclagem de produtos eletroeletrônicos. A WEEE foi desenvolvida para reduzir os níveis de lixo eletrônico despejados nos aterros e para encorajar a eficiência de recursos por intermédio da reciclagem e do reuso.

Como mostra GOOSEY (2004), a diretiva WEEE cobriu quase todos os tipos de produtos eletroeletrônicos e uma grande quantidade de equipamentos de negócios, como computadores e os equipamentos do setor de telecomunicações. De fato, a diretiva se aplica a todos os equipamentos que dependem de corrente elétrica ou campos eletromagnéticos. A WEEE é dividida em dez categorias indicativas:

1 – Grandes eletrodomésticos.

2 – Pequenos eletrodomésticos.

3 – TI e Telecoms.

4 – Equipamentos de consumo.

5 – Equipamentos que utilizem lâmpadas.

6 – Ferramentas elétricas e eletrônicas.

7 – Brinquedos, lazer e esportes.

8 – Equipamentos médicos.

9 – Equipamentos de monitoramento.

10 – Equipamentos de autodistribuição.

De acordo com o princípio do poluidor pagador, o fabricante de equipamentos eletroeletrônicos deverá organizar e financiar a coleta dos lixos eletrônicos, do local onde se encontrem para plantas de tratamento autorizadas. Nestes depósitos para tratamento, o lixo eletrônico será processado para remoção de itens, como componentes contendo mercúrio, polímeros com bromo que retardam a combustão e placas de circuitos impressos que tenham área de superfície maior do que 10 cm^2.

De acordo com a diretiva, produtor é definido como fabricante, revendedor com marca própria ou importador. Entretanto, distribuidores de equipamentos manufaturados fora da União Europeia também serão afetados pela legislação.

Não apenas o produtor, mas também o varejista será afetado pela legislação. Quando venderem um novo produto, os varejistas têm a responsabilidade de garantir que o comprador pode retornar o lixo equivalente convenientemente e livre de custo.

2.9.2.2 – Restriction of Hazardous Substances

A diretiva RoHS (*Restriction of Hazardous Substances*) foi elaborada, no âmbito da União Europeia, para reduzir o impacto ambiental dos equipamentos eletroeletrônicos quando estes alcançam o fim de suas vidas úteis. A diretiva introduz o requerimento da substituição de algumas substâncias levando em conta os problemas ambientais durante a disposição e a reciclagem de lixos eletrônicos.

A maior preocupação tem sido a substituição do chumbo, que é componente principal na solda para a montagem de quase todos os bens eletrônicos. Diversos fabricantes estão testando potenciais substitutos para solda, livre de chumbo. Durante os últimos anos, diversas companhias de eletrônicos iniciaram programas para determinar o melhor material para solda na montagem dos produtos. Na Europa, as ligas metálicas preferidas têm sido o estanho, a prata e o cobre, mas como elas têm pontos de fusão de cerca de 30° a mais do que as soldas com chumbo, há questões que devem ser desenvolvidas antes de serem implementadas como uma alternativa viável. Estas questões incluem, dentre outras, a compatibilidade das novas soldas com as placas de circuito impresso, a capacidade de resistência para lidar com altas temperaturas de solda, o uso de componentes que possam sobreviver a altas temperaturas de solda e a confiabilidade a longo prazo. Vale a pena acrescentar que o chumbo será permitido onde não houver alternativas possíveis e para componentes como capacitores, onde ele não mais estiver em sua forma metálica.

Até agora, a maior implicação desta diretiva é o incentivo que ela oferece aos fabricantes, para produzirem eletroeletrônicos mais "verdes". Para respeitar a legislação, os produtores terão que lidar com a necessidade de substituição de substâncias perigosas por outras que sejam mais amigáveis ao meio ambiente e desenhar seus produtos visando um fácil desmonte e uma melhor reciclabilidade. O objetivo é contribuir significativamente para o crescimento sustentável, pela conservação e reciclagem de recursos preciosos e reduzindo os impactos ambientais.

Vale ressaltar que, apesar da diretiva RoHS fazer parte da legislação europeia, sua implementação tem ramificações globais, como, por exemplo, fabricantes de eletrônicos japoneses já tomaram a iniciativa de se adequar a esta diretiva.

Segundo BARBARA JORGENSEN (2006), uma empresa que tem atuação mundial e que optou por inserir a diretiva RoHS para todas as fábricas da companhia, mesmo aquelas de fora de Europa, pode ser citada como um exemplo. Para tanto, a empresa teve que eliminar as soldas de chumbo e cumprir as demais exigências. Os técnicos da empresa elaboraram estudos para a adaptação à legislação e foi realizado um trabalho junto com os fornecedores para que também fornecessem peças de acordo com as exigências da diretiva. Para tanto, alguns fornecedores continuaram, mas outros tiveram que ter seus contratos suspensos. A empresa afirma que, em alguns casos, ela possui hoje apenas um fornecedor, onde antes havia quatro ou cinco. Entretanto, novos fornecedores deverão surgir rapidamente.

A empresa mudou para soldas livres de chumbo, mas não teve que mudar o equipamento para fabricação, já que os existentes eram ajustáveis a altas capacidades de temperatura de fusão, requeridas para o uso de soldas sem chumbo.

Finalmente, a empresa teve que modificar seu sistema de TI, para poder rastrear e verificar que todos os componentes usados nos produtos finais eram compatíveis com a diretiva RoHS. Em alguns casos, isto significou a verificação de que 2.000 peças numa simples lista de materiais (*Bill of Material*) estavam de acordo com a RoHS.

O próximo passo para a empresa é desenhar a conformidade nos produtos desde o início. A companhia estima que já gastou US$ 5 milhões para chegar até aqui.

A empresa possui um status chamado de *green status know*, que classifica como sendo o percentual das peças e componentes dos produtos, onde a empresa sabe que os materiais estão em conformidade com a RoHS. Para a parte de peças, 95% estão com este status (sendo que 66% sim e 29% ainda não, mas com alternativas). Para componentes, apresentam 89% deste status (sendo 26% em uso e 63% disponíveis).

2.9.2.3 – Eco-Design of Energy Using Products

A diretiva EuP (*Eco-Design of Energy Using Products*), com atuação na União Europeia) aborda a questão de produtos que preenchem as especificações do eco-design que beneficiam tanto os consumidores quanto os empresários através da melhora da qualidade do produto e proteção ambiental enquanto economiza em custos através do uso mais eficiente dos recursos. A proposta define EuP como instrumento que depende da entrada de energia elétrica, fóssil e combustíveis renováveis em adição a produtos para geração, transferência e gerenciamento desta energia. Entretanto, a diretiva não se aplica a qualquer significado de transporte para pessoas ou bens, seja por terra, por mar ou pelo ar.

A proposta por si só, entretanto, não cria obrigações legais para os fabricantes. Estas obrigações irão acontecer quando a União Europeia decretar medidas de implementação para produtos específicos. Com as medidas de implementação, companhias terão que conduzir um perfil ecológico de seus produtos, usando especificações genéricas ou específicas de eco-design. O perfil ecológico irá cobrir o ciclo de vida do produto e focará nos parâmetros de medida que consideram mais importantes para o meio ambiente. A proposta não indica que grupo de produtos será atingido, mas estabelece especificações de eco-design que serão aplicadas apenas para grupos de produtos com significativo volume de vendas, que representam um significativo impacto ambiental e apresenta um claro potencial para melhora via design do produto. É previsto que diversos produtos decorrentes do lixo eletrônico façam parte do alvo da legislação.

As exigências de design genérico contidas na proposta EuP irão obrigar fabricantes a cuidar da avaliação ambiental do perfil ecológico de seu produto durante todo o ciclo de vida. Os estágios do ciclo de vida que deverão ser levados em consideração são:

- aquisição de matéria-prima;
- fabricação;
- empacotamento, transporte e distribuição;
- instalação e manutenção;
- uso;
- fim da vida.

Em cada estágio do ciclo de vida os fabricantes têm que calcular o consumo de materiais e energia, emissões no ar, na terra e na água, poluição sonora, vibração, radiação, campos eletromagnéticos, resíduos gerados e a possibilidade para reuso e reciclagem. O processo de avaliação irá permitir aos fabricantes que possam identificar oportunidades de melhora no design, como:

- peso do produto e volume;

- produtos reciclados contidos e a incorporação de componentes usados;

- consumo de energia através do ciclo de vida;

- redução do uso de substâncias perigosas;

- evitar soluções técnicas que irão em detrimento do reuso e reciclagem;

- facilidade de reuso e reciclagem.

Outra característica desta implementação é a possibilidade de se estabelecer um selo de conformidade de avaliação, para demonstrar que estão sendo realizadas as medidas de implementação.

Outra importante questão é que os importadores de produtos para a UE deverão garantir que os produtos estejam em conformidade com as exigências.

É estimado que cerca de 80% dos produtos relacionados com impactos ambientais são determinados na fase de design. Portanto, integrar considerações ambientais ainda cedo no desenvolvimento do design do produto é o jeito mais efetivo de se reduzir o impacto. Quando se prepara para um design ambiental ou um design limpo um produto novo, é possível se preparar para a legislação e minimizar seu impacto. Este tipo de design minimiza o impacto do produto durante sua vida útil, enquanto ainda encontra ou supera as exigências dos clientes. O processo envolve a identificação de como um produto afeta o meio ambiente, desde o uso de matérias-primas e fabricação, até o descarte ao final da vida útil. E isto é exatamente o que a diretiva EuP irá requerer que os fabricantes quantifiquem. Exemplos de fatores que são indicativos em uma aproximação com base no eco-design incluem:

- design para desmonte;

- uso de poucos componentes;

- uso de pouco plástico;

- uso de materiais reciclados;

- uso de materiais "inteligentes", "verdes";

- remoção de substâncias perigosas;

- aumento na funcionalidade;

- aumento na eficiência energética;

- desmaterialização.

2.9.2.4 – *Electronic Industries Alliance*

A EIA (*Electronic Industries Alliance*) é uma publicação da Aliança da Indústria de Eletrônicos, nos Estados Unidos, que é uma declaração para composição de materiais de produtos eletrônicos, divulgada pela primeira vez em abril de 2005.

A indústria de equipamentos eletroeletrônicos rastreia e descobre informações específicas sobre a composição de materiais de seus produtos, de acordo com exigências legais e de mercado. A indústria precisa coletar informações a respeito da composição dos produtos e subpartes que são comprados dos fornecedores para incorporá-los em seus produtos finais. Isto afeta toda a cadeia global de suprimentos.

A informação sobre a composição de materiais pode ajudar os fabricantes, das seguintes maneiras:

– satisfazer exigências legais e de regulamento;

– levar à melhoria no design de produtos; e

– responder a questionamento dos clientes, recicladores de produtos e outros *stakeholders*.

Para obter os dados de composição de materiais, muitos fabricantes desenvolveram questionários de declaração de material (também conhecidos como *green procurement surveys* ou *supply chain questionaires*) que requerem que os fornecedores "abram" certas informações sobre produtos e subpartes que vendem. Estes questionários, geralmente, tomam a forma de uma lista de materiais e substâncias banidas ou restritas, que os fornecedores têm que certificar que não existem nos produtos e subpartes. Somando-se a isso, eles também incluem uma lista separada de materiais e substâncias que precisam ser identificadas quando presentes. Em função da diversidade de informações requeridas e dos diferentes formatos, é difícil para os fornecedores gerenciarem os pedidos de declaração de material.

Reconhecendo os desafios que a indústria mundial de equipamentos eletroeletrônicos encara pela diversidade de pedidos de composição de materiais, o grupo de trabalho composto de representantes da EICTA

(Europa), EIA (EUA) e JGPSSI (Japão) desenvolveu este guia de declaração de composição de material.

Este guia se aplica a produtos e subpartes que são fornecidas para os fabricantes de equipamentos eletroeletrônicos para incorporação nos seus produtos. Não se aplica a materiais de embalagem. Ele cobre materiais e substâncias que podem estar presentes no produto fornecido. Não se aplica a processos químicos, a menos que o processo químico constitua parte do produto acabado ou subparte deste. Tem aplicação sobre transações *Business to Business* (B2B) e, não tem a intenção de ser usado pelo público em geral na hora de fazer decisões de compras.

O objetivo deste guia é estabelecer os materiais e substâncias que devem ser "abertos" pelos fornecedores, quando estiverem presentes nos produtos ou subpartes que serão incorporados nos equipamentos eletroeletrônicos. Isto beneficia os fornecedores e seus clientes comerciais provendo consistência e eficiência para o processo de declaração de materiais. Também promove o desenvolvimento de uma troca consistente de dados, formatos e ferramentas que irão facilitar e aperfeiçoar a transferência de dados ao longo de toda a cadeia global de suprimentos.

O guia fornece tabelas com vários materiais e substâncias e, ao lado, a descrição de o produto ter que ser aderido intencionalmente (o material ou substância se fará presente no produto final, objetivando alguma característica, aparência ou qualidade) ou seus limites permitidos.

Por si só, este guia não se configura como uma legislação, entretanto ele está inserido nesta parte do texto por ter sido criado para fazer com que uma legislação seja cumprida de fato.

2.9.2.5 – Legislação Brasileira

A Política Nacional de Resíduos Sólidos (PNRS) foi sancionada pelo presidente no começo de agosto de 2010. Esta política demorou muitos anos para ser aprovada, o que gerava uma grande lacuna na legislação brasileira para tratamento de resíduos sólidos, principalmente, do lixo eletrônico.

Seguem abaixo alguns pontos importantes abordados por esta política.

É de responsabilidade dos Municípios e do Distrito Federal a gestão dos resíduos sólidos gerados em seus territórios. Eles deverão ter acesso a recursos da União, para elaborarem Planos de Gestão Integrada de Resíduos Sólidos, onde deverão mapear a situação dos resíduos sólidos, identificar locais para disposição final adequada, elaborar indicadores e desenvolver políticas para tratamento dos resíduos sólidos.

Ainda a respeito da responsabilidade dos resíduos, a política diz que compete ao gerador do resíduo sólido acondicionar, disponibilizar para coleta, coletar, dar tratamento e disposição final ambientalmente adequada aos rejeitos. Mesmo que o gerador do resíduo contrate outra empresa para realizar os serviços citados acima, ele permanece responsável perante os processos. As empresas devem coletar os resíduos e dar destinação ambientalmente adequada aos mesmos.

A PNRS dá destaque à logística reversa, afirmando que ela tem por objetivo promover ações para garantir que o fluxo de resíduos sólidos seja direcionado para a sua própria cadeia produtiva ou para outras cadeias produtivas (de outros geradores). Além disto, a logística reversa deve reduzir a poluição e desperdício de materiais, incentivar a utilização de insumos que não degradem o meio ambiente e desenvolver estratégias de sustentabilidade, que unam os interesses econômicos, ambientais, sociais, culturais e políticos.

A política diz que os consumidores devem realizar a coleta seletiva dos resíduos sólidos e disponibilizar para coleta das empresas titulares dos serviços públicos de limpeza urbana e manejo de resíduos sólidos. Estas empresas devem articular com as empresas geradoras dos resíduos sólidos, a implementação da estrutura necessária para garantir o fluxo de retorno dos resíduos sólidos reversos, oriundos dos serviços de limpeza urbana. Além disto, devem disponibilizar postos de coleta para estes resíduos e dar destinação final ambientalmente adequada aos rejeitos.

A PNRS proíbe o descarte dos resíduos sólidos nos corpos hídricos e no solo e proíbe a queima a céu aberto ou em recipientes. Desta forma, proíbe também os "lixões", que deverão deixar de existir.

A política insere os catadores de materiais recicláveis nas ações que envolvam o fluxo de resíduos sólidos. Desta forma, os catadores podem passar a trabalhar de forma mais legalizada e estruturada, em conjunto com todos os agentes atuantes na indústria.

A política nacional de resíduos sólidos, como dito anteriormente, veio para responsabilizar todos os participantes das indústrias, como empresas fabricantes, revendedores, governo (em todas as esferas), catadores, recicladores e consumidores. Todas as medidas previstas nesta política visam a preservação ambiental, em consonância com a sustentabilidade dos envolvidos. Esta política cria a possibilidade do desenvolvimento de novos negócios ou de reestruturação de negócios existentes. O mais importante, é que esta política, quando entrar em vigor, seja acompanhada de perto pelas autoridades, para que possamos de fato usufruir de seus benefícios.

2.9.3 – Guia Ambiental de Produtos Eletrônicos

A ONG Greenpeace elaborou, em agosto de 2006, um relatório baseado em indicadores, onde faz um ranking, entre empresas fabricantes de PCs e celulares, para as mais "verdes", ou seja, as organizações mais preocupadas com o meio ambiente.

O relatório faz um ranking dos 18 maiores fabricantes de eletrônicos no que se refere à toxicidade de componentes químicos em seus produtos e suas políticas de reciclagem. O documento tem conseguido fazer com que as empresas incrementem suas políticas e se preocupem mais com a questão ambiental.

Até julho de 2010, já haviam sido divulgados quinze relatórios. Nos dois primeiros, os líderes do ranking foram Nokia e Dell, em primeiro e segundo lugares respectivamente. No terceiro relatório, o destaque ficou por conta da Lenovo, que assumiu a liderança do ranking. Do 3º para o 15º relatório, foram incluídas mais quatro empresas na lista, mostrando a preocupação em propagar a responsabilidade ambiental.

A Nokia e a Sony Ericsson mostram que se mantém entre as empresas mais preocupadas com o meio ambiente, mesmo após os quinze relatórios divulgados. Mas é importante salientar o avanço de diversas outras empresas neste aspcto.

Segue abaixo o resultado das empresas analisadas:

Tabela 2 – Ranking do Guia Ambiental de Eletrônicos

Empresas	1º Relatório	2º Relatório	3º Relatório	15º Relatório
Nokia	1º lugar	1º lugar	2º lugar	1º lugar
Dell	2º lugar	2º lugar	4º lugar	10º lugar
HP	3º lugar	6º lugar	8º lugar	8º lugar
Sony Ericsson	4º lugar	5º lugar	3º lugar	2º lugar
Samsung	5º lugar	12º lugar	5º lugar	13º lugar
Sony	6º lugar	9º lugar	11º lugar	7º lugar
LGE	7º lugar	11º lugar	12º lugar	12º lugar
Panasonic	8º lugar	10º lugar	13º lugar	6º lugar
Toshiba	9º lugar	13º lugar	10º lugar	14º lugar
Fujitsu-Siemens	10º lugar	3º lugar	7º lugar	15º lugar
Apple	11º lugar	14º lugar	14º lugar	5º lugar
Acer	12º lugar	7º lugar	9º lugar	11º lugar
Motorola	13º lugar	4º lugar	6º lugar	4º lugar
Lenovo	14º lugar	8º lugar	1º lugar	17º lugar
Philips	–	–	–	3º lugar
Sharp	–	–	–	9º lugar
Microsoft	–	–	–	16º lugar
Nintendo	–	–	–	18º lugar

Fonte: GREENPEACE (2010).

De acordo com o Greenpeace, o Guia Ambiental de Eletrônicos (em inglês, *Guide to Greener Electronics*) visa tornar o setor de eletrônicos menos nocivo ao meio ambiente e fazer com que os fabricantes tenham responsabilidade por todo o ciclo de vida de seus produtos, incluindo o lixo eletrônico que eles geram. O guia não faz um ranking da companhia, no que se refere aos padrões de trabalho, uso de energia ou quaisquer outras questões, mas reconhece que estas são importantes na produção e no uso de produtos eletrônicos.

O objetivo principal do relatório é fazer com que as empresas:

• limpem os produtos, através da eliminação de substâncias perigosas; e

- recuperem e reciclem seus produtos, logo que se tornem obsoletos.

O relatório possui alguns critérios de avaliação, que são os seguintes:

2.9.3.1 – Política Química e Práticas

1 – Política química baseada em princípios de prevenção.

2 – Gerenciamento químico: gerenciamento da cadeia de suprimentos químicos via, por exemplo, banir e restringir substâncias listadas, política para identificar substâncias problemáticas para futura eliminação e substituição.

3 – Estipulação de prazo para interrupção gradual de uso de todo plástico vinil (PVC).

4 – Estipulação de prazo para interrupção gradual de uso de todo Retardador de Chama Bromada (RCB), em inglês, *Brominated Flame Retardant* (não apenas as banidas pela Diretiva RoHS).

5 – Inserção de modelos de eletrônicos no mercado, livres de PVC e RCB.

2.9.3.2 – Políticas e Práticas de Responsabilidade do Produtor pelo Recolhimento de seus Produtos Descartados e Reciclagem

1 – Apoio para a responsabilidade do produtor individual (financeiro) – os produtores financiam o gerenciamento de seus produtos, através da recuperação, reuso e reciclagem de produtos descartados de suas próprias marcas.

2 – Provimento voluntário de recolhimento e reciclagem de produtos, em todos os países onde são vendidas as mercadorias, mesmo com ausência de leis locais requerendo a responsabilidade do produtor pelo lixo eletrônico.

3 – Provimento de informações claras para os clientes individuais, no que se refere aos serviços de recolhimento e reciclagem, em todos os países onde são vendidos os produtos.

4 – Informar a quantidade de lixo eletroeletrônico coletado e reciclado.

2.9.4 – Comércio Mundial de Produtos Eletrônicos: Efeitos de uma Logística Reversa Falha

A logística reversa não pode ser encarada apenas como o recolhimento dos produtos, mas, sim, como o gerenciamento de todo o caminho que este produto percorre até o descarte adequado do mesmo.

O que acontece atualmente é que diversas empresas, principalmente americanas e europeias, estão recolhendo os produtos eletrônicos e enviando-os para países em desenvolvimento, com a alegação de que estes equipamentos farão com que os países pobres tenham acesso à informática e outros produtos de tecnologia mais avançada. O problema é que estes produtos estão gerando graves passivos ambientais nos países em desenvolvimento que os recebem.

A exportação de produtos eletrônicos sem ser realizado um teste prévio pode gerar apenas um pretexto para se descartar produtos inservíveis em países em desenvolvimento, ao invés de ajudá-los com equipamentos que possam ser reaproveitados. Para resolver tal problema, é fundamental que sejam realizados testes para garantir a qualidade e a funcionalidade dos equipamentos exportados e que estes recebam selos e certificados de que são aparelhos servíveis.

A exportação de produtos que precisem de reparos pode gerar uma necessidade imediata de descarte de substâncias perigosas, dependendo da peça ou componente que precise ser trocado. Desta forma, este tipo de exportação vai de encontro à Convenção de Basel[1]. Um exemplo pode ser no caso de um monitor ser exportado para ser consertado e necessitar de um novo tubo de raio catódico. Mas sem os testes é impossível saber se os

---

[1] Convenção assinada por 165 países, exceto Estados Unidos, Haiti e Afeganistão, que regula sobre o comércio de substâncias perigosas entre países.
A Convenção de Basel controla apenas a movimentação entre fronteiras de resíduos perigosos. Portanto, para um material estar sob esta Convenção, é preciso que ele se enquadre nestas duas categorias: ser resíduo (lixo) e ser perigoso. Estas determinações são feitas, geralmente, baseadas em listas anexadas na Convenção de Basel ou, então, de definições nacionais.
Pela Convenção de Basel, resíduo é definido como: substâncias ou objetos que são descartados ou que seus descartes sejam pretendidos ou ainda que sejam forçados a ser descartados por força de legislações locais.

equipamentos enviados para reparo necessitarão ou não da reposição de substâncias perigosas.

Iremos analisar agora a questão da exportação de produtos eletrônicos dos países desenvolvidos para os países em desenvolvimento e os impactos ambientais que este comércio acarreta. O trabalho se baseia em um relatório do Grupo de Ação de Basel (*The Basel Action Network* - BAN) de 2005. Esse grupo elaborou este relatório para mostrar o descumprimento dos acordos estabelecidos na Convenção de Basel de 1992, o qual regula sobre o comércio de substâncias perigosas entre os países. Para este relatório, o grupo focou o estudo na cidade de Lagos, na Nigéria, por ser uma cidade com um grande porto e ser representativa dos demais países africanos.

Segundo o relatório, 75% dos equipamentos de informática exportados para os países africanos são lixo, ou seja, não é economicamente viável seu reaproveitamento (seja por reuso ou por remanufatura).

Segundo o estudo, é estimado que 500 contêineres de restos de equipamentos de informática, em diversas condições de uso, entrem na Nigéria a cada mês. Cada contêiner contém cerca de 800 computadores ou monitores, representando, assim, cerca de 400.000 chegando mensalmente.

Os países africanos não possuem qualquer sistema de estrutura de tratamento de lixo eletrônico (e-lixo)[2]. O que existem são lixões formais e informais, onde as toxinas são facilmente infiltradas nos lençóis freáticos e, também, são rotineiramente despejadas no ar, devido a queimadas, emitindo substâncias químicas tóxicas, como dioxinas e metais pesados.

A reciclagem e descarte de lixo eletrônico encontrado na China, Índia, Paquistão e países africanos são extremamente poluentes e muito perigosos para a saúde humana. Exemplos incluem queimadas de plástico a céu aberto, exposição a soldas tóxicas, despejo de ácidos em rios e despejo de substâncias perigosas em lixões normais.

Este comércio de produtos eletrônicos, com o envio dos mesmos para a África, é, de fato, ilegal sob o ponto de vista da Convenção de Basel. Os governos dos países exportadores estão falhando no que tange ao cumprimento da legislação, não exigindo que os aparelhos enviados para

---

[2] Lixo eletrônico (e-lixo) são os resíduos e restos de produtos eletroeletrônicos.

os outros países sejam testados antes, visando enviar apenas aqueles que estejam funcionando, ou, então, os que podem ser consertados (desde que identificada a parte que precisa ser consertada). Apenas a Austrália faz essa exigência às empresas. Mas também os governos dos países importadores têm culpa, pois a partir do momento em que a mercadoria chega ao porto, e não possui um comprovante de que os produtos foram testados, eles deveriam impedir a descarga de tais produtos, mas esta fiscalização é extremamente falha.

Os Estados Unidos são o país que mais produz lixo per capita. E, segundo o estudo, a política dos EUA em lixo eletrônico é negligente, pois também falha na implementação da resolução da OCDE (Organização para Cooperação e Desenvolvimento Econômico), no que se relaciona ao tratamento e controle da exportação de substâncias perigosas. Milhões de libras de lixo eletrônico de computadores e TVs obsoletas são geradas nos Estados Unidos cada ano e uma grande quantidade – estimados em 50% a 80% coletados para a reciclagem – é exportada. Esta exportação se dá em função da mão de obra mais barata e falta de padrões ambientais na Ásia e na África e, também, porque tais exportações continuam sendo legais nos Estados Unidos (pois como mencionado anteriormente, eles não são signatários da Convenção de Basel).

Contrários a todas as preocupações relativas a questões ambientais, os Estados Unidos, ao invés de banirem a exportação de substâncias tóxicas de lixo eletrônico para os países em desenvolvimento, estão ainda incentivando tais exportações.

A China, por exemplo, baniu a exportação de e-lixo, porém os Estados Unidos se recusaram a honrar este banimento e continuam enviando equipamentos eletrônicos obsoletos para lá.

O Canadá, embora faça parte da Convenção de Basel, também a ignora, não controlando a exportação de lixo eletrônico para países em desenvolvimento.

A Europa, com a criação da Diretiva WEEE, teve um crescimento na quantidade de produtos eletrônicos recolhidos, porém, sem um efetivo controle sobre a exportação destes produtos, aumenta também o número de exportação destes equipamentos. A lei europeia obriga o recolhimento e o descarte adequado dos produtos, mas o que está acontecendo em muitos casos é que o descarte considerado adequado passa a ser a exportação para os países em desenvolvimento.

Com relação à Nigéria, não apenas a Convenção de Basel está sendo ignorada, mas também um decreto local de 1988, proibindo a importação de qualquer substância perigosa, sem autorização especial do governo. A regulação de envio de lixo (*waste shipment regulation*) da União Europeia, banindo a exportação de substâncias perigosas de lixo eletrônico para países em desenvolvimento, não está sendo apropriadamente implementada e cumprida.

Algumas tentativas foram feitas, por parte de parlamentares que apresentaram algumas propostas no sentido de estabelecer um maior controle na responsabilidade do produtor, no sentido de o fabricante assumir os custos com a reciclagem. Outro exemplo foi a proibição de descarte de alguns produtos eletrônicos em aterros comuns. Infelizmente, nenhuma proposta foi feita, no sentido de impedir a exportação de produtos para países em desenvolvimento.

Avesso à Convenção de Basel, feita para prevenir precisamente este tipo de exportação de produtos eletrônicos tóxicos, dos países ricos para os pobres, há uma preocupação real de que as pressões econômicas e os incentivos para a exportação sejam maiores do que nunca. Isto se deve, principalmente, à proibição de se jogar este tipo de lixo em aterros comuns e ao aumento do custo para se jogar este tipo de lixo em aterros especiais. Somando-se a isto, a falta de controle governamental faz com que as exportações só aumentem.

As preocupações dos países ricos não são evitar a exportação, mas, ao contrário, criar justificativas para esta exportação, como, por exemplo, alegar que eles estão colaborando com os países pobres, quebrando barreiras digitais, colaborando com a inserção digital dos países em desenvolvimento.

Neste momento, e-lixo não chega como e-lixo, mas, sim, como celulares, computadores e tecnologia em geral.

Os seguintes países estão envolvidos com a exportação de produtos eletrônicos para a Nigéria, segundo relata o BAN: Bélgica, Finlândia, Alemanha, Israel, Itália, Japão, Coreia, Holanda, Noruega, Cingapura, Reino Unido e Estados Unidos.

Atualmente, os países que mais recebem estas exportações são: China, Índia, Cingapura, Malásia, Indonésia, Filipinas, Vietnam e o Continente Africano.

Nas estimativas do BAN, as origens das exportações dos produtos eletrônicos são: 45% da Europa, 45% dos EUA e 10% de outros países, como Japão e Israel.

Na Nigéria, não há capacidade para se realizar operações de recuperação de materiais, como, por exemplo, cobre, chumbo, aço, metais preciosos, plásticos etc., ou mecanismos de coleta para lixo eletrônico.

Os importadores também não exigem o teste prévio dos materiais que eles importam, para averiguar sua funcionalidade e, assim, garantir a qualidade do equipamento. De fato, a maioria dos equipamentos não é pré-testada, porque os testes custam caro para os importadores e, de qualquer jeito, estes testes não são confiáveis. A maioria dos importadores que trabalham como atacadistas prefere arriscar suas chances com um item de baixo custo do que acreditar nos *brokers* (os estrangeiros que exportam os produtos), situados a grandes distâncias.

Os aparelhos que chegam aos portos são levados para armazéns, para, em seguida, serem vendidos em feiras de aparelhos de segunda mão – os que estão em condição de uso – como pode ser observado nas Figuras 10 e 11.

Fonte: BAN (2005).

Figura 10: Chegada dos aparelhos no porto de Lagos.

Fonte: BAN (2005).

Figura 11: Armazenagem de eletrônicos no porto de Lagos.

O relatório do BAN descobriu grandes quantidades de equipamentos eletrônicos de segunda mão importados, amontoados em cantos. Milhares de computadores, impressoras, monitores, scanners, copiadoras etc. foram achados acumulando poeira. Fica claro que muito deste material é obsoleto, sendo muito antigo para uso, até mesmo para países africanos, tendo pouco interesse para os compradores. Os mais modernos, funcionando ou passíveis de reparo, ao contrário, se movem rapidamente, ou para as seções de reparo dos armazéns ou para as feiras ao ar livre.

Na Nigéria existem quatro mercados (feiras livres) vendendo quantidades significativas de equipamentos eletrônicos usados, como mostrado nas Figuras 12 e 13.

Fonte: BAN (2005).

Figura 12: Venda de aparelhos eletrônicos.

Fonte: BAN (2005).

Figura 13: Venda de monitores.

Os mercados negociam uma quantidade de produtos, que varia de 15 até 100 toneladas.

Os mercados contêm cerca de 3.500 comerciantes registrados, envolvidos em diversos tipos de venda e reparos de computadores, telefones, periféricos e softwares.

Nenhum dos comerciantes possui grandes lojas, poucos têm mais que dez empregados e alguns consistem de pouco mais de um espaço com uma mesa e uma cadeira, inclusive com alguns estabelecimentos tendo apenas o próprio dono trabalhando.

Cerca de 80% dos equipamentos vendidos nas feiras são de segunda mão.

A Nigéria possui uma mão de obra bastante qualificada para efetuar reparos e reformas nos produtos eletrônicos. Se fossem exportados para lá apenas equipamentos passíveis de reuso, certamente a transação seria vantajosa para os dois lados, pois pessoal capacitado para consertar estes aparelhos a Nigéria possui.

O nível de educação, treinamento e experiência dos trabalhadores da feira é surpreendentemente alto, muitos, inclusive, possuindo diplomas de graduação em engenharia eletrônica.

Alguns monitores passam por um processo de limpeza e depois são pintados para serem vendidos como se fossem novos.

Os trabalhadores sabem que o gás proveniente de alguns aparelhos eletrônicos é perigoso, mas não tomam qualquer medida de prevenção para não respirá-lo, gerando, também, um problema de saúde para quem trabalha nestas feiras.

Em Lagos, Nigéria, quase todo o lixo eletrônico descartado é jogado em lixões comuns, formais ou informais, sem qualquer controle adequado, não sendo monitorados, ficando perto de lençóis freáticos e rotineiramente há queimadas nestes lixões, como é mostrado nas Figuras 14 e 15.

Fonte: BAN (2005).

Figura 14: Despejo de lixo eletrônico.

Fonte: BAN (2005).

Figura 15: Lixão em Lagos.

Como dito anteriormente, existem milhares de pequenos aterros informais. Diversos terrenos vazios são usados como aterros. Como o lençol freático em Lagos é muito alto (situa-se a cerca de um ou dois metros abaixo da superfície), os resíduos facilmente penetram nele. Ainda pior que isto, tanto nos aterros formais quanto nos informais, há uma rotina de queimar o lixo para reduzir o seu volume. O governo afirma que mesmo que seja totalmente compreendido o perigo que a queima de substâncias perigosas causa para o ambiente, os donos dos aterros alegam que o fogo é gerado espontaneamente em diversas ocasiões, e se recusam a abandonar esta prática. O BAN verificou esta prática sendo utilizada muitas vezes em áreas próximas de residências (Figura 16).

Fonte: BAN (2005).

Figura 16: Queima de lixo eletrônico.

Nos aterros, encontram-se substâncias químicas, vidros de CRTs, restos de comida, material hospitalar, tudo misturado, aumentando o risco de contaminação de pessoas que por lá circulam. Nas Figuras 17 e 18 podemos ver o estado destes aterros.

Fonte: BAN (2005).

Figura 17: CRT jogado nos lixões.

Fonte: BAN (2005).

Figura 18: Restos de equipamentos de informática.

Mesmo que as empresas não se preocupem com o meio ambiente e o bem-estar dos países em desenvolvimento, no que se refere à exportação de equipamentos de informática, elas deveriam, pelo menos, se preocupar com a proteção de informações confidenciais, contidas nos discos rígidos (HDs) que são exportados junto com os PCs. Mesmo que os dados tenham sido apagados por diversas vezes e o disco formatado, estes dados, muitas vezes com informações confidenciais de empresas, podem ser restaurados e ter seu conteúdo divulgado. Para que isto não aconteça, é necessário que os discos rígidos sejam invalidados, ou seja, quebrados, evitando, assim, a recuperação de seus dados.

3

Metodologia dos Estudos de Caso

As empresas que constam dos estudos de caso deste trabalho foram escolhidas por representarem os principais níveis de atividades da logística reversa: o aproveitamento do produto (caso da empresa Y), o aproveitamento de componentes (caso do fabricante de televisores) e a reciclagem e descarte adequado (o caso do operador logístico). Todos os estudos de caso se baseiam em dissertação de mestrado apresentada na COPPE/UFRJ (MIGUEZ, 2007).

As empresas selecionadas permitem uma clara demonstração dos benefícios ambientais e financeiros gerados pelas atividades da logística reversa, de acordo com os objetivos do trabalho.

Os estudos foram realizados mediante visitas às empresas e aplicação de questionários semiestruturados, servindo como um roteiro para a entrevista. As visitas foram feitas entre os meses de dezembro de 2006 e janeiro de 2007. Na empresa Y e no operador logístico, foram realizadas visitas às suas principais instalações. Na empresa fabricante de televisores foi realizada apenas a entrevista dentro da mesma.

As maiores dificuldades encontradas na realização dos estudos de caso foram as poucas informações fornecidas, no que tange aos resultados financeiros advindos das atividades da logística reversa. Os benefícios ambientais foram percebidos mais facilmente.

4

Estudo de Caso 1: Logística Reversa na Fabricação de Televisores de CRT

4.1 – O Mercado

O mercado de fabricação de televisores nos permite fazer uma análise geral das atividades da logística reversa de uma maneira relativamente simples. No caso, selecionamos apenas a fabricação de telas e cones, deixando de fora os demais componentes ligados a uma televisão. A opção por apenas estes componentes facilitou a demonstração dos benefícios decorrentes das atividades de logística reversa.

Como se pode observar, alguns elementos críticos em várias indústrias não são fundamentais neste segmento, como, por exemplo, a qualidade dos produtos retornados não impacta no reaproveitamento dos mesmos, o que claramente não ocorre na maioria das indústrias, onde a qualidade é fator determinante para a captação de valor do produto.

A análise do inventário de estoques e como inserir os produtos retornados dentro do estoque disponível para produção são facilmente visualizados no caso que mostraremos a seguir. Os vidros retornados seguem para uma limpeza e análise e, em seguida, vão diretamente para o estoque de produção. Os responsáveis pela produção de telas e cones já contam com este material como substitutos de matéria-prima virgem.

Sabe-se que se for analisado o aparelho de televisão como um todo, incluindo todos os tipos de material que o compõem, como plásticos, vidros, ligas metálicas e componentes eletrônicos, o estudo não conseguiria ser tão objetivo e claro em suas conclusões, pois cada tipo de material tem um tratamento diferenciado. Mas como o enfoque do trabalho é mostrar com objetividade e clareza os benefícios ambientais, sociais e financeiros advindos das atividades da logística reversa, o isolamento de apenas dois componentes foi mais adequado.

4.2 – A Empresa

A empresa estudada, que pediu para não ter seu nome divulgado, é uma multinacional, fabricante de televisores, e possui algumas fábricas espalhadas pelo Brasil. A fábrica estudada situa-se em São Paulo. A empresa fabrica telas para televisão (fábrica de Mauá, SP), tubos de raios catódicos (fábrica de São José dos Campos, SP) e cones para as televisões (fábrica de Suzano, SP). A fábrica visitada foi a fabricante de telas, que controla também a fábrica de cones, portanto focaremos o estudo nestes componentes. A produção é destinada tanto para o Brasil quanto para o exterior, como, por exemplo, República Tcheca e Indonésia.

4.3 – Os Subprodutos

A tela e o cone possuem substâncias químicas para que os raios x não prejudiquem a saúde dos telespectadores. Para tanto, o cone possui chumbo. A tela não pode conter chumbo, senão a imagem seria danificada (haveria perda de nitidez e a imagem teria uma coloração diferente); em função disto, o vidro leva bário e estrôncio.

O chumbo existente no cone é importado do México, na forma de granulado (como óxido de chumbo), pois o chumbo bruto pode danificar o meio ambiente e, também, as pessoas que o manusearem no percurso.

4.3.1 – O CRT

O tubo de raio catódico ou CRT (do inglês *cathode ray tube*) é formado pela tela, pelo cone, pelo canhão de elétrons e pelas ligas metálicas que prendem os componentes.

Conforme nos relatam KUEHR & WILLIAMS (2003), o CRT (Figura 19) é um display baseado em uma tecnologia onde uma imagem é criada através de um bombardeamento controlado de elétrons, em uma superfície plana coberta com substâncias fosforescentes.

O componente principal do CRT é um tubo de vidro com um canhão de elétrons montado na parte final, estreita, e uma ampla área plana, oposta ao canhão, que forma a tela. O vidro em um monitor de CRT é específico, contendo uma média de 8 a 9% de chumbo, com a função de proteger o usuário de radiação eletromagnética e melhorar a qualidade óptica. O canhão dispara elétrons que são, então, defletidos por magnetos para, seletivamente, atingir diferentes partes da tela, que têm camadas fosforescentes que brilham em cores diferentes quando tocadas. Uma máscara de buracos logo atrás da tela permite controle apropriado do processo de imagem.

A fabricação do principal tubo de vidro é similar à de outros vidros, tendo como maior diferença o uso adicional de chumbo. A tela é muito mais complexa, pois deve ser coberta com fósforo e um material condutivo. Como na fabricação de chips, é usada a fotolitografia, desta vez para criar um padrão denso de sinais de diferentes cores de fósforo. O padrão de buracos ou linhas na máscara metálica atrás da tela também é feito com fotolitografia. O tubo principal e a tela são juntados e, depois, outros componentes são inseridos. O CRT é, então, colocado em uma armação de aço e circuitos de placas impressos são instalados para traduzir entradas do computador ou outro sinal de vídeo para o canhão de elétrons.

Os CRTs tiveram sua introdução no mercado de massa do mundo industrializado com as televisões nas décadas de 50 e 60, seguidos pelos monitores de computadores nas décadas de 80 e 90. A indústria global de monitores de CRT teve uma economia de escala de US$ 19,5 bilhões em 2001, produzindo 108 milhões de unidades. O segmento de produção de monitores de computador de CRT tem, historicamente, crescido junto com a demanda por computadores, mas é esperado que comece a declinar dentro de alguns anos, em função do aumento da popularidade do display de cristal líquido. Enquanto os Estados Unidos, Europa e Japão eram os maiores produtores de CRT nas décadas de 70 e 80 – por volta de 80% da produção mundial – estes são, agora, produzidos no leste asiático (excluindo o Japão), especialmente na China e em Taiwan.

Fonte: KANG & SCHOENUNG, 2005.

Figura 19: Tubo de raio catódico.

4.4 – A Logística Reversa na Produção

Há cerca de quatro anos e meio, a empresa começou a perceber a importância de se usar restos de vidro (chamado de "cacos") de televisores ou monitores usados como matéria-prima na produção de telas e cones novos. Foi feito o teste com uma pequena quantidade de "cacos" e o sucesso da operação resultou em um maior empenho da empresa na busca por televisores e monitores usados. Este interesse financeiro somou-se à responsabilidade ambiental da empresa, de dar o tratamento adequado aos seus produtos, tanto os gerados durante a produção, quanto os de pós-consumo (LEITE, 2003).

A partir de então, a empresa aumenta cada vez mais a utilização de "cacos" como matéria-prima para a produção de novos produtos.

4.4.1 – O Processo

A empresa reutiliza as sobras geradas durante a produção. Estas sobras são utilizadas novamente como matérias-primas. Mas esta quantidade seria muito baixa para o volume de produção da empresa, por isso ela compra televisores e monitores usados, ou apenas as telas e cones, de diversas empresas. Estas empresas variam muito, podendo ser uma grande organização, que possui uma área estruturada para enviar as partes retornadas ou, então, podem ser oficinas de conserto de televisões e monitores, que não têm estrutura suficiente para o envio dos equipamentos. Para resolver tal problema, a empresa fabricante das telas fornece suporte logístico a estas oficinas para poderem enviar seus CRTs inservíveis. A empresa importa os chamados "cacos" de diversos países da Europa e, principalmente, dos Estados Unidos, de onde vem a maioria do material importado. Muitos países recebem apoio de seus governos para darem uma destinação adequada para estes produtos, e o envio para um fabricante do material é considerado uma decisão ambientalmente correta. Além disto, para a empresa é mais barato importar o material da Europa do que trazer de determinadas partes do país. Um contêiner da Europa para São Paulo custa menos do que trazer o material da região Norte do país, por exemplo.

Para se ter uma ideia da dimensão da importação destes produtos retornados, em 2006 foram importadas aproximadamente 40 mil toneladas de "cacos".

Os "cacos" chegam através de uma transportadora contratada e vão para as fábricas de Mauá e Suzano. Em seguida, são enviados lotes (de acordo com o fornecedor) para uma empresa, que se situa em Suzano, fazer a limpeza. O material não vai direto para a empresa prestadora de serviços, porque não há espaço suficiente nela para receber e estocar todo ele e, também, para que a empresa fabricante possa ter maior controle do material que chega. O caminhão pega os "cacos" sujos (que acabaram de retornar) e leva os "cacos" limpos para as fábricas.

Os "cacos" têm que ser descontaminados e são separados elementos orgânicos, metais, etiquetas e plásticos. O vidro é lavado e depois tem suas propriedades analisadas no laboratório, pois as especificações destes vidros podem ser diferentes das requisitadas para a inserção deles como matéria-prima, ou seja, pode ser necessária a adição ou subtração de substâncias para adequar os "cacos" às matérias-primas. Neste processo há 5% de perda de material, ou seja, 95% dos vidros retornados são utilizados como matéria-prima na produção de novas telas e cones.

4.4.2 – Produção

Nas fábricas são produzidos 11 milhões de telas e 11 milhões de cones por ano. Entre 75% e 80% da produção são enviados para a fábrica de São José dos Campos, onde são fabricados os tubos de raios catódicos.

A seguir, vemos a distribuição da matéria-prima na produção das telas e cones e, em seguida, o volume total de telas e cones, produzidos diariamente nas duas fábricas.

Tabela 3 – Composição da matéria-prima para a produção de telas e cones

	"Cacos"	Matéria-prima virgem	Volume de produção diária (em toneladas)
Telas	75%	25%	180
Cones	92,5%	7,5%	130

Fonte: Elaboração a partir dos dados da pesquisa.

Gráfico 3 – Produção de telas

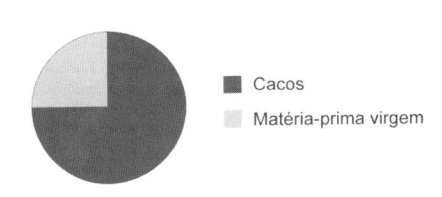

Produção de Telas

Fonte: Elaboração própria.

Gráfico 4 – Produção de telas

Produção de Cone

Fonte: Elaboração própria.

O motivo para o maior uso de "cacos" na produção de cones em relação a telas se dá porque para os "cacos" serem usados na produção de vidros, eles têm que ser "cacos" de telas de televisão e de computadores. No caso dos cones, podem ser "cacos" de cones e também de telas. Se forem usados "cacos" de cones (que contêm chumbo) na produção dos vidros, o chumbo irá danificar o forno, além de prejudicar o produto final.

4.4.3 – Previsão do Retorno

Devido à grande quantidade de telas e cones produzidos e do grande percentual de "cacos" contidos no processo produtivo, a empresa necessita de um constante suprimento de telas, cones e tubos usados.

O ciclo de vida de uma televisão varia de 5 a 10 anos, mas assim como acontece com os computadores, os consumidores brasileiros não têm o hábito de trocar estes aparelhos antes de eles quebrarem ou se tornarem obsoletos. Como afirmam LINTON *et al.* (2005), mesmo quando os consumidores compram outro aparelho de televisão, geralmente eles guardam o aparelho antigo em casa, impossibilitando que se faça uma previsão adequada do retorno destes aparelhos. Os autores acima citados enfatizam a presença de dois cenários para se prever as vendas futuras de aparelhos de televisão:

• *1º cenário:* as vendas futuras são baseadas nas vendas passadas, não havendo grande mudança de tecnologia. Para isto, regressões estatísticas são usadas para se prever as vendas futuras.

• *2º cenário:* ocorrência de mudanças drásticas de tecnologia, introduzindo rapidamente no mercado TVs de LCD e Plasma, o que impossibilitaria que se fizesse uma previsão adequada da quantidade de TVs de CRT vendidas.

Tais cenários impactariam no retorno de materiais para serem usados como "cacos", na medida em que as telas das televisões de LCD e Plasma não poderiam ser usadas, além de estes aparelhos não possuírem os tubos, o que diminuiria a quantidade de materiais retornados para serem usados como matéria-prima. Este cenário se apresenta como uma grande ameaça para a continuação do aproveitamento de televisões de CRT, contudo, ao mesmo passo, o crescimento das vendas de aparelhos com outras tecnologias acarretará na redução da produção de televisões de CRT, balanceando, assim, a diminuição no número de "cacos" com a redução de produção de aparelhos.

Para minimizar tal problema, a empresa conta hoje com cerca de 30 fornecedores de "cacos", espalhados por todo o mundo. O fluxo de fornecimento não é muito constante, pois alguns fornecedores variam muito a quantidade de "cacos" enviados (mandam em um mês, no outro não, ou enviam muito em um mês e, no outro, mandam pouco). Mas a empresa possui 15 fornecedores fixos, o que garante um fornecimento mínimo para ela. Até hoje, ela não encontrou problemas no que tange à falta no fornecimento destes materiais, mas novos acordos de fornecimento estão sendo feitos e, embora seja difícil fazer uma previsão de quando os produtos retornarão das mãos dos consumidores, a empresa tem a vantagem de receber fornecimento de grandes empresas (algumas até apoiadas pelos seus governos) e de oficinas de conserto, pois estas, sim, recebem a mercadoria diretamente do consumidor final. Portanto, a empresa acaba não sofrendo tanto com a flutuação do fornecimento, já que conta com diversos fornecedores fixos, onde um pode cobrir o baixo fornecimento de material do outro em determinado período. Mas é evidente que o risco existe, e acaba sendo inerente ao negócio da fabricante.

4.4.4 – Benefícios Gerados

Há três benefícios gerados decorrentes da utilização dos "cacos" para a produção de novos produtos. São eles: benefícios ambientais, sociais e financeiros.

O benefício ambiental se traduz na redução da extração de minerais e na redução de materiais perigosos nos aterros sanitários.

O benefício social remete à preocupação com os trabalhadores que manipulam algumas substâncias danosas para a saúde.

O benefício financeiro se traduz na economia gerada pelo forno. O forno trabalha entre 1.200°C e 1.600°C e pode custar cerca de R$ 8 milhões. A vida útil de um forno varia de 8 a 9 anos, pois, com o tempo, o vidro, por ser abrasivo, corrói o refratário do forno, feito à base de zircônio. Usando-se "cacos" como matéria-prima, diminui-se a temperatura do forno, aumentando, assim, sua vida útil. Este aumento pode ser de 1 a 2 anos, de acordo com a quantidade de "cacos" utilizada na produção. Dado o valor do forno e seu tempo de vida, tal acréscimo de vida útil é bastante significativo. Outras vantagens financeiras são a redução do custo com matéria-prima virgem, o que acarreta um custo de produção mais baixo e a economia gerada com o gasto de energia.

Os benefícios gerados serão apresentados com mais detalhes a seguir.

4.4.4.1 – Benefícios Ambientais

Os benefícios ambientais gerados pelo uso de "cacos" na produção são muito importantes. A fábrica possui precipitadores eletrostáticos para não poluir o ambiente. As partículas que ficam acumuladas nele voltam para a produção como matéria-prima, assim, ao mesmo tempo em que não há contaminação do meio ambiente, a empresa ainda reduz o desperdício, aproveitando as perdas geradas durante o processo.

Há contribuição ambiental pelo uso de "cacos" também pelos seguintes motivos:

• Economia de recursos minerais: o vidro é composto de diversas substâncias minerais, tais como areia de quartzo, carbonato de potássio, barrilha e feldspato de potássio, entre outros. Com o reaproveitamento de vidros retornados, uma grande quantidade de recursos minerais é poupada. Tal fato também evita os impactos decorrentes da extração destes minerais no ambiente.

• Diminuição de processos químicos que agridem o meio ambiente: durante a fabricação do vidro ocorrem vários processos químicos e manipulações de substâncias perigosas que agridem o meio ambiente, como a barrilha (carbonato de sódio), a sílica, o chumbo, o bário e o estrôncio, por exemplo.

• Redução de materiais nos aterros sanitários: os vidros dos monitores, tubos, cones e telas de televisão não podem ser reciclados como os demais vidros, por conterem substâncias químicas perigosas e, portanto, também não podem ser descartados em qualquer local, pois algumas destas substâncias são perigosas para a saúde. Em função disto, ao invés destes materiais irem parar nos aterros sanitários, a empresa os recupera, introduzindo-os novamente na produção de novos produtos.

Conforme nos relatam KUEHR & WILLIAMS (2003), a questão ambiental específica relacionada ao CRT é o impacto potencial associado ao uso de chumbo nos vidros de CRT. Um risco potencial é a exposição dos trabalhadores envolvidos na produção de chumbo e CRTs (consideramos este um risco social). Esta exposição, naturalmente, depende das práticas dos fabricantes e, no momento, não há estatísticas disponíveis referentes a estas questões. Outro risco potencial é a contaminação do lençol freático por CRTs depositados em aterros sanitários. Os CRTs representam significativos 36% do chumbo encontrados em aterros, número este que tende a crescer, com a introdução de mais CRTs advindos de monitores. Ainda segundo KUEHR & WILLIAMS (2003), com base em estudos de toxicidade e vazamento, o CRT foi classificado como material perigoso. Estes estudos indicaram que o CRT se mostrou mais danoso ao meio ambiente do que placas de circuitos impressos, por exemplo.

4.4.4.2 – Benefícios Sociais

A manipulação de algumas matérias-primas utilizadas na fabricação dos vidros é prejudicial para a saúde de quem trabalha no transporte, no controle de qualidade e na produção dos bens.

Os benefícios sociais decorrentes da recuperação dos "cacos" se caracterizam pelo menor tempo de exposição dos trabalhadores a partículas e substâncias tóxicas, que podem se infiltrar em seus pulmões, causando uma série de problemas ligados à saúde, como, por exemplo, a silicose, devido à exposição prolongada à sílica, que pode inclusive levar ao desenvolvimento de doenças mais graves, como o câncer.

A manipulação contínua da barrilha (utilizada na fabricação do vidro) pode gerar outros malefícios ao organismo de quem a manipula. Os tipos de contato com a substância e suas implicações são colocados a seguir:

- Ingestão: Causa irritação.

- Inalação: Danoso. Deve evitar-se principalmente exposições prolongadas.

- Contato com a pele: Irritações e possivelmente queimaduras.

- Contato com os olhos: Irritação grave, possivelmente com feridas graves.

Outras substâncias que acarretam riscos são o chumbo, o bário e o estrôncio, utilizados na fabricação de telas e cones.

4.4.4.3 – Benefícios Financeiros

A utilização de "cacos" pode trazer dois benefícios para a empresa:

Benefício 1 – Aumenta o tempo de vida útil dos fornos em 2 anos.

Benefício 2 – Reduz o custo de produção em 30%, traduzidos em redução do custo da matéria-prima e redução da energia elétrica gasta nos fornos.

O forno, como foi dito anteriormente, tem sua vida útil, antes da necessidade de se fazer reforma, de oito anos. A utilização dos "cacos" prolonga esta vida útil em mais dois anos, estendendo sua utilização antes da reforma para dez anos. A reforma do forno, de 100 metros quadrados, custa aproximadamente US$ 5 milhões (segundo a PTAX do dia 19/03/2007, onde o dólar foi cotado a R$2,13, cerca de R$ 10.650.000,00). Portanto, a empresa economiza este valor, empurrando este gasto para dois anos à frente.

A empresa possui dois fornos, um para a produção de telas e outro para a produção de cones. Um fica na fábrica de Mauá (telas) e o outro na fábrica de Suzano (cones). Em função disto, trabalhamos com fluxos de caixa separados, um para a produção de telas e outro para a de cones.

Para demonstrarmos os ganhos financeiros da empresa com a utilização de "cacos", optamos por analisar o fluxo de caixa incremental de cada forno, ou seja, calculamos o lucro obtido pela utilização de "cacos", se comparado apenas com a utilização de matéria-prima virgem. Para cálculo do fluxo de caixa, consideramos como investimento inicial R$ 17.040.000,00 (US$ 8.000.000,00, convertido pela PTAX do dia 19/03/2007, o dólar cotado a R$ 2,13), que corresponde ao valor de um forno novo. Não levamos em conta o capital de giro, pois além de não termos este dado da empresa, este valor seria o mesmo, independentemente da matéria-prima utilizada.

Utilizamos um período de tempo de dez anos, que corresponde ao tempo de vida útil do forno antes da reforma (oito anos) acrescido do tempo de vida útil que a utilização de "cacos" proporciona (dois anos), por trabalhar a temperaturas mais baixas.

Para analisarmos a viabilidade financeira da operação, utilizamos os indicadores de Valor Presente Líquido (*VPL*) e a Taxa Interna de Retorno (*TIR*), que consistem em técnicas de análise de investimentos.

O *VPL* consiste na concentração de todos os valores esperados de um fluxo de caixa na data zero. Para efetuar o cálculo, utiliza-se como taxa de desconto a Taxa Mínima de Atratividade da empresa. Esta taxa consiste em um cálculo ponderado entre o retorno exigido pelos investidores e a taxa de juros obtida para o capital de terceiros.

O Valor Presente Líquido (*VPL*) é a diferença monetária entre o valor atual de retorno e o investimento inicial, de modo que todos os fluxos de caixa são medidos em termos monetários atuais. O *VPL* é obtido pela seguinte fórmula:

$$VPL = FCO + \sum_{j=1}^{n} \frac{FCj}{(1+i)^n}$$

Em que:

FCO = Valor do investimento inicial.

FCj = Entradas de caixa.

i = Taxa mínima de atratividade.

n = Tempo.

Cabe ressaltar que o *FCO* ou Investimento Inicial, para efeito de cálculo, é lançado com sinal negativo, uma vez que representa uma saída de caixa.

A decisão, por meio da utilização do *VPL*, é feita da seguinte forma:

a) se o *VPL* > 0 significa que as entradas de caixa, corrigidas e transformadas em valores atuais, são maiores do que o investimento inicial no valor atual. Desse modo, mostra que o projeto deve ser aceito;

b) se o *VPL* = 0 significa que as entradas de caixa, corrigidas e transformadas em valores atuais, são iguais ao investimento inicial;

c) se *VPL* < 0 significa que as entradas de caixa, corrigidas e transformadas em valores atuais, são menores do que o investimento inicial. Neste caso, o projeto deverá ser rejeitado, uma vez que as entradas, a serem obtidas no longo prazo, são insuficientes para cobrir o investimento inicial.

Neste caso específico, se o *VPL* > 0, significará que apenas a redução do custo provocada pela utilização de "cacos" para a composição da matéria-prima foi suficiente para cobrir o investimento em um forno e, ainda, sobraram recursos. Isso mostra uma situação muito vantajosa para a empresa.

A Taxa Interna de Retorno (*TIR*) é um índice relativo que mede a rentabilidade do investimento por unidade de tempo, necessitando, para isso, que haja receitas envolvidas, assim como investimentos. É a taxa que torna o Valor Presente Líquido (*VPL*) de um fluxo de caixa igual a zero. Ou seja, é a taxa que leva o valor atual das entradas de caixa igualarem ao investimento inicial. O cálculo da TIR pode ser dado pela fórmula abaixo:

$$0 = FCO + \sum_{j=1}^{n} \frac{FCj}{(1+i)^n}$$

Para critério de decisão, de aceitação/rejeição de um projeto, por meio da Taxa Interna de Retorno, exige-se que se tenha a Taxa Mínima de Atratividade. Assim, se *TIR* > *TMR*, o projeto é economicamente viável; se *TIR* < *TMR* o projeto é economicamente inviável; e, se *TIR* = *TMR* é indiferente investir os recursos no projeto ou deixá-los rendendo juros à Taxa Mínima de Atratividade.

Neste caso específico, a *TIR* representará a taxa de retorno sobre o investimento inicial, proporcionada apenas pela redução do custo dos componentes tela e cone, em virtude da utilização de "cacos" para a composição da matéria-prima.

Iremos, agora, demonstrar a viabilidade financeira da produção de telas e cones, utilizando "cacos".

4.4.4.3.1 – Dados Utilizados no Modelo

A utilização de "cacos" na composição de matéria-prima para a fabricação de telas e cones tem apresentado redução de custos de 30%, considerando a redução do custo da matéria-prima somado com o custo da energia elétrica nos fornos. Essa redução do custo de matéria-prima e energia tem um efeito de redução no custo do componente final tela em 2,71% e no componente final cone em 3,34%. Este fato ocorre porque os demais custos de produção permanecem os mesmos e, ainda, há aumento de custos relacionados com transporte de "cacos", com laboratório de análise e com o processo de limpeza e adequação dos "cacos".

Para demonstrar o impacto dessa redução de custos sobre o retorno da empresa, sem expor dados julgados confidenciais, optou-se por confrontar o investimento inicial em fornos com os ganhos provenientes da redução de custos da matéria-prima, por um período de 10 anos, considerando o custo de capital igual a 18,5% ao ano. Todos os valores foram convertidos para o real. Utilizando-se da cotação do dólar igual a R$ 2,13 – conforme PTAX de 19/03/2007 – o investimento inicial foi igual a R$ 17.040.000,00, o que representa o valor de um forno novo. O custo dos componentes tela e cone, com a utilização da matéria-prima virgem e com a utilização de "cacos" para a composição de matéria-prima é mostrado na Tabela 4.

Com a redução do custo dos componentes de cada fábrica, os resultados obtidos antes do Imposto de Renda são incrementados em R$ 16.097.400,00 para o componente tela e em R$ 16.533.000,00 para o componente cone. Em virtude desse acréscimo de resultados, a empresa aumentará a sua contribuição para o Imposto de Renda em 5.473.116,00 e 5.621.220,00, para os componentes tela e cone, respectivamente. A alíquota desse imposto é de 34%, conforme informações obtidas junto à contabilidade dessa empresa.

Tabela 4 – Custos dos componentes tela e cone em reais

Itens	Tela	Cone
Custo unitário com a utilização apenas de matéria-prima virgem*	60,00	50,00
Custo unitário com a utilização da composição de matéria-prima virgem com "cacos"*	58,37	48,33
Redução do custo unitário	1,63	1,67
Volume anual de produção em unidades	9.900.000	9.900.000
Redução de custos por ano	16.097.400,00	16.533.000,00

* Custo total de produção envolvendo matéria-prima, mão de obra e gastos indiretos de fabricação

Fonte: Elaboração a partir dos dados da pesquisa.

A partir desses dados, pôde-se estruturar o fluxo de caixa para a análise. Como as fábricas de tela e cone estão em cidades diferentes, cada uma delas possui um forno.

A seguir, temos duas tabelas com os dados obtidos na empresa. A primeira nos fornece os dados referentes às capacidades dos fornos para a produção de telas e cones e, a segunda tabela, nos fornece os dados referentes à efetiva produção de telas e cones.

Tabela 5 – Capacidade dos fornos

Forno	Capacidade diária em toneladas	Capacidade anual em toneladas	Capacidade diária em quantidade	Capacidade anual em quantidade
Telas	200	52.800	41.667	11.000.000
Cone	150	39.600	41.667	11.000.000

Fonte: Elaboração a partir dos dados da pesquisa.

Tabela 6 – Produção média

Forno	Produção diária em toneladas	Produção anual em toneladas	Produção diária em quantidade	Produção anual em quantidade
Telas	180	47.520	37.500	9.900.000
Cone	135	35.640	37.500	9.900.000

Fonte: Elaboração a partir dos dados da pesquisa.

Tabela 7 – Fluxo de caixa do componente tela

Ano	0	1	2	3
Entrada de caixa incremental	(17.040.000,00)	16.097.400,00	16.097.400,00	16.097.400,00
(-) Imposto incremental (34%)		5.473.116,00	5.473.116,00	5.473.116,00
(=) Entrada de caixa incremental	- 17.040.000,00	10.624.284,00	10.624.284,00	10.624.284,00

Ano	4	5	6	7
Entrada de caixa incremental	16.097.400,00	16.097.400,00	16.097.400,00	16.097.400,00
(−) Imposto incremental (34%)	5.473.116,00	5.473.116,00	5.473.116,00	5.473.116,00
(=) Entrada de caixa incremental	10.624.284,00	10.624.284,00	10.624.284,00	10.624.284,00

Ano	8	9	10
Entrada de caixa incremental	16.097.400,00	16.097.400,00	16.097.400,00
(−) Imposto incremental (34%)	5.473.116,00	5.473.116,00	5.473.116,00
(=) Entrada de caixa incremental	10.624.284,00	10.624.284,00	10.624.284,00

Fonte: Elaboração a partir dos dados da pesquisa.

Tabela 8 – VPL e TIR do componente tela

VPL	R$ 29.870.289,14
TIR	62%

Fonte: Elaboração a partir dos dados da pesquisa.

Tabela 9 – Fluxo de caixa do componente cone

Ano	0	1	2	3
Entrada de caixa incremental	−17.040.000,00	16.533.000,00	16.533.000,00	16.533.000,00
(−) Imposto incremental (34%)		5.621.220,00	5.621.220,00	5.621.220,00
(=) Entrada de caixa incremental	(17.040.000,00)	10.911.780,00	10.911.780,00	10.911.780,00

Ano	4	5	6	7
Entrada de caixa incremental	16.533.000,00	16.533.000,00	16.533.000,00	16.533.000,00
(-) Imposto incremental (34%)	5.621.220,00	5.621.220,00	5.621.220,00	5.621.220,00
(=) Entrada de caixa incremental	10.911.780,00	10.911.780,00	10.911.780,00	10.911.780,00

Ano	8	9	10
Entrada de caixa incremental	16.533.000,00	16.533.000,00	16.533.000,00
(–) Imposto incremental (34%)	5.621.220,00	5.621.220,00	5.621.220,00
(=) Entrada de caixa incremental	10.911.780,00	10.911.780,00	10.911.780,00

Fonte: Elaboração a partir dos dados da pesquisa.

Tabela 10 – VPL e TIR do componente cone

VPL	R$ 31.139.694,26
TIR	64%

Fonte: Elaboração a partir dos dados da pesquisa.

Com estes resultados, pode-se, então, comprovar a viabilidade financeira da logística reversa, que, somada aos benefícios ambientais e sociais, gera uma grande contribuição não só para a empresa, como também para a sociedade em geral.

5

Estudo de Caso 2: Logística Reversa de Equipamentos de Informática

5.1 – A Empresa

Já há alguns anos, a empresa Y não fabrica mais computadores de pequeno porte. Estes são terceirizados para fornecedores que processam as máquinas seguindo os processos e critérios estipulados pela empresa. A prioridade da empresa passou a ser a venda de serviços aos clientes, incluindo prestação de serviços de TI, manutenção, softwares e hardwares.

Apesar de ter terceirizado a produção, Y é responsável pelos produtos eletrônicos que são vendidos com a sua marca. Por isso, o maior interesse de Y com a logística reversa se dá através do reaproveitamento de hardware. Os dois principais tipos de hardware que são focos da atividade de logística reversa são: a) os grandes servidores (tipo Main Frames, que neste trabalho serão considerados como servidores apenas), considerados carro-chefe da logística reversa de Y, representando mais de 92% da receita decorrente da atividade de logística reversa; e, b) os computadores pessoais, que representam apenas 8% dessa receita.

Para a realização desses trabalhos, Y possui um grande centro para as atividades de logística reversa, o qual, no Brasil, existe há cerca de sete anos. Ele está situado no estado de São Paulo e controla as operações de logística reversa de Y para a América Latina. A área é formada por um departamento comercial, que cuida da compra e venda de computadores e o setor que lida com o retorno físico dos produtos, e conta com 30 funcionários, além de pessoas terceirizadas que cuidam da coleta, triagem, desmonte e remanufatura dos equipamentos. O Banco Y faz parte do processo de logística reversa da empresa, juntamente com o setor de recuperação de produtos. O Banco Y é o responsável pela área de leasing, operação usual na venda dos equipamentos de pequeno, médio e grande portes.

Em virtude das especificidades dos dois tipos de produtos em relação à previsão de retorno, tipos de clientes, forma de distribuição e venda, tipo de contrato utilizado na transação e outros, os trabalhos de logística reversa em cada um desses equipamentos divergem bastante, porém, como o objetivo principal é o reaproveitamento das máquinas para revenda, existe uma estrutura geral que é seguida para conduzir os trabalhos de logística reversa.

5.2 – A Operação Reversa

O maior interesse de Y com a logística reversa se dá através do reaproveitamento das máquinas. Y possui dois tipos principais de hardware, que são o foco da atividade reversa: os computadores pessoais (PCs) e os servidores. Y busca o retorno, sempre que possível, de máquinas da própria empresa, mas há casos em que ela recupera computadores de outras marcas (dependendo do estado dos aparelhos).

Y possui uma série decrescente de prioridades para se beneficiar da logística reversa (Figura 20).

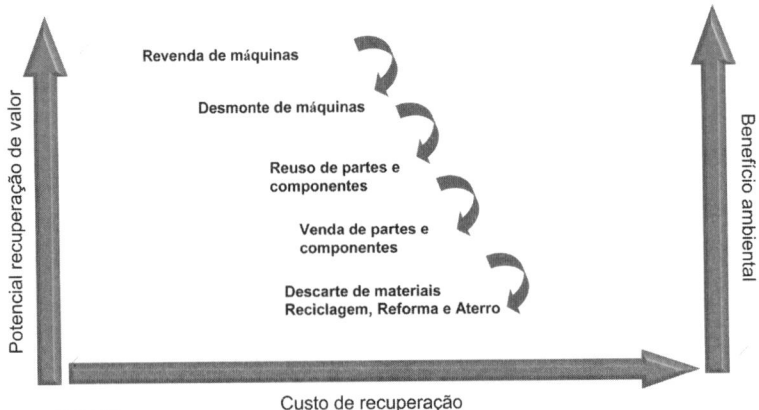

Fonte: Empresa Y, 2006.

Figura 20: Cadeia de agregação de valor de Y.

Essa série representa como Y encara a agregação de valor através da logística reversa. O objetivo principal da empresa é o reaproveitamento das máquinas para revenda. Caso os aparelhos cheguem à empresa em um estado que não valha a pena economicamente recuperá-los, ou, então, em estado avançado de obsolescência, encaminham-se estas máquinas para o desmonte. Nesta etapa, os componentes das máquinas são testados e os que estiverem em boas condições são armazenados para a utilização como peças de reposição, tanto para remanufatura das máquinas, quanto para manutenção ao cliente. Neste mesmo processo de desmonte dos aparelhos em componentes, as peças podem ser vendidas para os fabricantes de computadores e servidores de Y, assim como para montadores de computadores. As peças e os componentes que não puderem ser aproveitados seguem para a última etapa no processo de agregação de valor de Y, o desmonte dos equipamentos por completo, visando a reciclagem e o correto tratamento e destinação dos materiais e resíduos perigosos. Em seguida, veremos com detalhe o processo de logística reversa. Podemos observar na Figura 20 que, quanto mais alto na cadeia de agregação de valor (reuso da máquina), menos se agride o meio ambiente. Isso acontece porque a reutilização da máquina não gera resíduos perigosos para serem descartados. Quanto mais baixo na cadeia, mais impacto haverá no meio ambiente. Concomitantemente com isto, o reuso do computador para revenda é a atividade que mais agrega valor e gera rentabilidade para a empresa, e consequentemente a etapa de desmonte para envio de materiais para a reciclagem é a que menos agrega valor e, por conseguinte, mais gera custo para a empresa (pois precisa passar por várias etapas de desmonte e teste de componentes, gastando tempo, recursos e mão de obra para isto).

Segundo KUEHR & WILLIAMS (2003), pesquisas revelaram que para um em cada dez computadores, revender ou reformá-los reduz o total de energia usado em 8,6% e 5,2% respectivamente, reduzindo a demanda por máquinas novas. Em contraste, reciclar os materiais de um em cada dez computadores economiza apenas 0,43% pela substituição da matéria-prima virgem. Isto acontece, pois a maioria da energia gasta durante o ciclo de vida do produto é usada em seus componentes complexos (como chip) e, não, nas demais substâncias, como alumínio e plástico. Por causa disto, a revenda ou reforma é mais favorável ao meio ambiente do que a reciclagem.

Podemos observar que o esquema seguido por Y está totalmente alinhado com o proposto pelo BAN, através da Pirâmide de Hierarquia do Gerenciamento de Resíduo (Figura 21), onde em cima estão as atividades que menos agridem o meio ambiente e que devem ser prioridades das empresas, como eliminar algumas substâncias perigosas dos produtos e, por último, aparece o descarte, que é a atividade mais danosa ao meio ambiente, mas que, mesmo assim, deve ser realizada de maneira consciente para causar menos impacto possível.

```
        Eliminar
        Reduzir
        Reutilizar
        Reparar
        Reciclar
        Descartar
```

Fonte: BAN.

Figura 21: Pirâmide de Hierarquia do Gerenciamento de Resíduo.

As logísticas reversas de PCs e de servidores divergem bastante, tendo que ser analisadas em separado.

As diversas filiais de Y em todo o mundo estão conectadas e trocando informações de venda de equipamentos, mais especificamente servidores. Caso um servidor seja vendido em um país da Ásia, por exemplo, e este país não tenha o equipamento disponível, a Y no Brasil pode enviar um servidor remanufaturado para a Y da Ásia. Esta operação, embora tenha custos maiores do que o envio do equipamento para uma empresa dentro do país (pois incorre em custos com transporte e com impostos), é vantajosa, pois, em geral, as empresas de fora estariam dispostas a pagar um valor que compense toda a logística para o equipamento ser enviado e, além disto, a Y no Brasil ganha em despachar o servidor mais rapidamente, garantindo, assim, a venda e desobstruindo seu estoque.

Para a tomada de decisão em relação ao procedimento de logística reversa a ser adotado, Y analisa a viabilidade econômica dessas atividades. Para isso, alguns fatores são levados em consideração, tais como:

a) *O estado da máquina* – quando Y recebe uma proposta de venda, é necessário que seja avaliado o estado em que o equipamento se encontra, uma vez que máquinas muito avariadas não interessam à Y. Geralmente, máquinas que recebem serviços da própria Y recebem uma proposta de compra maior, pois é sabido que elas estão em bom estado. O estado em que o equipamento se encontra é determinante. Quanto menos tempo e dinheiro se gastar para recuperar uma máquina, maior será o interesse de Y na recompra do equipamento.

b) *O custo de compra do aparelho* – existem critérios específicos, atendendo a todas as regras e leis regionais, além dos quais é feito um estudo para se analisar quanto se pode pagar por determinado equipamento, já levando em conta seu potencial valor de revenda.

c) *O custo de remanufatura* – quando se trata de um aparelho para remanufatura é feito um estudo para verificar esse custo. Caso este custo supere o previsto, ou a empresa aumenta o valor de revenda do bem ou arca com a redução de seu lucro.

d) *O custo de peças defeituosas* – no tocante a peças defeituosas, é feito um estudo para verificar o tipo de defeito. Se a peça for muito cara, o aparelho é encaminhado para a canibalização.

e) *O problema técnico* – quando detectados problemas técnicos que inviabilizam o reaproveitamento do aparelho, este é indicado para a canibalização.

f) *O contrato de venda inicial* – antes de fazer um contrato de venda é analisado o valor oferecido, o tempo de leasing e a vontade de compra por parte do cliente. Isso é importante para que se possa fazer a previsão de servidores que retornarão para a empresa.

5.3 – Previsão de Retorno de Y

A Y não possui muita dificuldade na previsão do número de computadores que retornarão. Tal fato se deve ao modo da empresa Y fazer negócio. Y presta um serviço de consultoria ao cliente e, quando acerta a venda de um servidor, geralmente esta é feita através de leasing. O contrato, geralmente, é de dois anos, com a opção de o cliente comprar o equipamento ao final do mesmo. No caso de Y, os consultores se envolvem neste processo de compra por parte do cliente e, assim, acabam sabendo com um alto grau de precisão se o cliente deseja adquirir ou não o equipamento ao final do leasing (em geral, não adquirem). Por esta razão, é muito alto o grau de acerto na previsão de retorno de servidores.

Em volume financeiro, aproximadamente 90% do que é previsto em se arrecadar com o retorno de servidores são efetivados.

Com PCs, o cenário se altera um pouco, pois não acontece a venda por leasing na maioria dos casos, mas há acordos com as empresas clientes, nos quais estas se comprometem a trocar seus PCs em um determinado prazo. Por exemplo, uma grande empresa (que possui mais de 20.000 PCs) pode fechar um acordo em que, nos próximos quatro anos, trocará todos os seus computadores pessoais por PCs novos da empresa Y. Sendo assim, Y tem capacidade de controlar o número de PCs que retornam com uma certa exatidão, embora o grau de exatidão seja menor se comparado aos servidores.

Após as peças chegarem ao armazém da empresa, para os componentes principais, os testes são feitos imediatamente, utilizando-se o estilo empurrado. Para os demais componentes o estilo utilizado é o puxado.

5.4 – A Logística Reversa de PCs

O ciclo de vida dos computadores pessoais varia entre 2 e 3 anos segundo especialistas. O problema é que, devido às dificuldades financeiras e também à cultura, o brasileiro não tem o hábito de trocar seu computador neste prazo, efetuando a troca apenas quando o PC apresenta problemas ou não serve mais para a realização de determinadas atividades. Com isso, o melhor canal para captar computadores pessoais usados são as empresas, pois estas necessitam de computadores mais modernos em suas operações.

O retorno de PCs representa apenas 8% da receita decorrente das atividades de logística reversa de Y. Os computadores pessoais são retornados por intermédio de contratos com empresas clientes, que negociam a troca de seus micros por computadores mais potentes. Para Y vender os equipamentos mais modernos, ela compra os computadores antigos da empresa. As grandes empresas, geralmente, não trocam os seus computadores de uma vez só, mas, sim, no decorrer de alguns anos, pois elas possuem algumas dezenas de milhares de computadores e, caso fizessem a troca simultaneamente, elas certamente teriam que parar de funcionar por um tempo. Com isto, Y garante o ciclo de chegada de computadores pessoais.

Ao mesmo tempo em que os PCs antigos são comprados pelo setor de logística reversa, o departamento de vendas fecha vendas destes computadores, geralmente, para empresas de menor porte e que não necessitam de computadores de última geração.

A compra e a venda de PCs usados acontecem quase que concomitantemente. Os computadores chegam no depósito de Y e seguem para a fase de testes. Eles são testados e, caso não estejam em condições adequadas de uso, têm todos os seus componentes testados, para que seja identificada qual peça está com defeito. Depois que a peça defeituosa é detectada, outra semelhante é solicitada ao setor de peças de manutenção. A peça nova é entregue no mesmo instante em que a defeituosa é devolvida, para que possa ser analisada a viabilidade de sua recuperação.

O objetivo da recuperação dos PCs é deixá-los com as mesmas características e configurações de quando saíram da fábrica. Como foi dito anteriormente, o fluxo de compra e venda de computadores usados é frequente. Portanto, o giro dos computadores no estoque também tem que ser rápido. Tal giro é contado em dias, ou seja, um computador que chega ao setor de recondicionamento tem apenas alguns dias para que seja consertado e colocado à disposição para a revenda.

Os teclados e mouses defeituosos não são consertados, pois o custo destes produtos novos é baixo e não compensa economicamente o reparo dos defeituosos.

Se os PCs retornados estiverem com uma qualidade muito baixa, que não dê para se aproveitar ou, então, se já estiverem muito obsoletos, não compensando sua recuperação, eles sofrem o processo de desmonte e de canibalização, onde são aproveitados peças e componentes para servirem de peça de reposição ou para virarem matéria-prima para revenda. Os computadores que sofrem a canibalização possuem um total de mais de 50% de peças aproveitadas.

Os demais componentes e peças que estejam defeituosos ou que por algum outro motivo (como obsolescência) não puderam ser aproveitados seguem para a parte de descarte, onde se tornarão *commodities*. Este material segue para outro setor, onde será armazenado.

Para o desmonte de cada computador, leva-se em média de 10 a 20 minutos (cada PC é desmontado por apenas um funcionário). As peças e os componentes são separados por tipos de materiais e colocados em caixas separadas. Os circuitos e *drivers* são inutilizados, para que não possam ser aproveitados por terceiros no futuro. Após esta etapa, os materiais são prensados e pesados.

Vale a pena ressaltar que os computadores têm suas peças desmontadas até o nível de componentes, como placas, *drivers* etc. Eles não são separados em resistores, transistores etc., pois o custo para realizar o desmonte dos componentes neste nível não compensa economicamente.

Y vende este material para as empresas recicladoras, que devem ser certificadas para poderem realizar tais tarefas. Por se tratar de uma empresa grande e com uma grande quantidade de materiais, o poder de barganha dela é alto, até mesmo se comparado com empresas especializadas na recuperação de materiais eletroeletrônicos.

Os materiais perigosos são separados na fase de desmonte dos PCs e seguem para um local à parte, onde são encaminhados para o descarte. Y paga empresas certificadas para darem o correto tratamento a estes materiais.

Y segue a legislação local e os padrões internacionais da empresa que, em geral, são mais rigorosos.

5.5 – A Logística Reversa de Servidores

O retorno dos servidores é, certamente, o carro-chefe da logística reversa de Y.

Quando a área de leasing da empresa (o Banco Y) fecha um contrato de leasing de um servidor, a área de logística reversa é consultada para saber se há ou não interesse da empresa na compra deste equipamento ao final do contrato. Caso o setor de logística reversa de Y tenha interesse na compra da máquina, ela deverá informar quanto está disposta a pagar ao final do leasing. Por exemplo, se um servidor custar R$ 10 milhões, e a área de logística reversa de Y oferecer 10% do valor do equipamento, então a empresa contratante pagará R$ 9 milhões até o final do contrato de leasing e, após o término do contrato, ela poderá escolher entre pagar R$ 1 milhão e ficar com o aparelho em definitivo ou devolver o servidor. Por esta razão, o departamento de logística reversa de Y não pode oferecer um valor muito baixo, que estimule a compra do servidor por parte da empresa contratante, mas também não pode oferecer um valor muito alto, o que inviabilizaria o seu lucro na hora da revenda. Como já foi dito anteriormente, geralmente Y já sabe de antemão se a empresa contratante possui interesse em adquirir o servidor ao final do leasing ou não. Em geral, é proposto outro contrato de leasing, com uma máquina mais moderna e potente.

Acabado então o contrato de leasing, caso o cliente não adquira o equipamento em definitivo, Y efetua o retorno do servidor até seu depósito. Este aparelho fica armazenado até que seja feita uma venda de um servidor. Quando o departamento comercial anuncia a venda, a área de logística reversa começa o processo de remanufatura dos servidores retornados. Os servidores não podem ser remanufaturados antes de serem vendidos, pois eles precisam passar por uma customização para o cliente. Ao contrário dos PCs, que têm uma especificação de fábrica e são recondicionados para permanecerem com tal configuração, os servidores são feitos e remanufaturados de acordo com a necessidade de cada cliente. Por exemplo, uma companhia aérea necessita de maior capacidade de processamento, enquanto um banco necessita de maior capacidade de armazenamento.

Os servidores são, então, testados e customizados e, em seguida, seguem para a revenda. Devido ao preço muito maior do que o de um computador pessoal, a margem de lucro com a revenda de um servidor também é muito maior. A cada um servidor negociado, podem ser necessárias algumas centenas ou até milhares de PCs para igualar os lucros. Um servidor novo pode custar até R$ 30 milhões e um usado pode ficar em torno de R$ 10 milhões. Com isso, para se remanufaturar um servidor, Y autoriza o gasto em torno de R$ 400.000,00.

A diferença básica entre a remanufatura de PCs e de servidores é que os servidores apresentam quase 100% de reaproveitamento, porém há um gasto elevado de customização. Os PCs possuem cerca de 80% de reaproveitamento, contudo não há qualquer gasto com customização, mas há gasto com o conserto e manutenção. Os 20% que não são reaproveitados dos PCs vão para a canibalização.

O ciclo de vida de um servidor varia entre 8 e 10 anos e, nesse espaço de tempo, um aparelho pode já ter passado por diversas remanufaturas e customizações.

Os servidores retornados vão sendo revendidos para empresas de menor porte e que não precisam de servidores de última geração. Até mesmo os poucos servidores que sofrem a canibalização e têm suas peças separadas para serem reaproveitadas, ou então têm seus componentes encaminhados para a reciclagem, geram mais lucro para a empresa, pois as partes mais lucrativas para a reciclagem são as placas e circuitos – que contêm metais preciosos – e que Y envia para uma empresa especializada na extração dos metais preciosos. Os servidores podem ter até 80 placas, dentro de um único aparelho, enquanto os PCs possuem apenas uma.

…

Estudo de Caso 3: Operadores Logísticos

Neste estudo de caso, primeiramente será analisado por que as empresas que não possuem escala suficiente de produtos para tornar as atividades da logística reversa economicamente viáveis dentro delas devem terceirizar esta atribuição para um operador logístico especializado.

Em seguida, será apresentado o funcionamento de um operador logístico na logística reversa de produtos eletrônicos e como são seus processos e suas receitas.

6.1 – Importância da Logística Reversa para Empresas que não Tenham Escala de Produtos

As empresas devem buscar inserir um programa de logística reversa por diversos motivos, sendo os principais:

• Limpar o canal para a introdução de novos produtos, ou produtos com *upgrade* de tecnologia.

• Dar assistência técnica, através do serviço de garantia ao consumidor, recolhendo produtos defeituosos e fornecendo produtos novos, caso não seja possível o conserto do bem. O serviço de assistência técnica pode ser executado também fora do prazo de garantia do produto, mas, neste caso, a empresa lucrará com o serviço.

• Proteger a marca, evitando que produtos defeituosos sejam vendidos no mercado paralelo. Se a empresa recuperar seus produtos após seu consumo por parte do cliente, ela evitará que produtos com defeito sejam mal consertados por pessoas não autorizadas e vendidos para os consumidores, pois a marca da empresa estará atrelada a eles, danificando sua imagem em caso de defeito.

• Lucrar com o aproveitamento de componentes, substituindo matérias-primas virgens, diminuindo, assim, o custo de produção.

• Lucrar com a venda de partes de produtos para reciclagem.

• Preservar o meio ambiente, evitando que substâncias tóxicas ou materiais com período longo de deterioração sejam lançados no meio ambiente, recebendo, assim, o tratamento adequado.

6.2 – Terceirização das Atividades da Logística Reversa

As grandes corporações possuem recursos financeiros, logísticos e funcionários suficientes para realizar as tarefas da logística reversa sem a necessidade de uma empresa especializada. Além disso, possuem escala, o que é muito importante para se viabilizar o investimento em logística reversa. Entretanto, as empresas de menor porte, geralmente, não possuem recursos e volume suficientes para realizarem estas atividades, portanto contratam uma empresa especializada para efetuar os processos de logística reversa.

Outra questão importante é a definição do quão estratégica a logística reversa é para a empresa, isto é, o quanto as atividades reversas impactam na atividade central da empresa. Neste sentido, empresas de grande porte podem achar que a logística reversa não influi diretamente em sua atividade central, não justificando, assim, um esforço para realizar o retorno dos produtos internamente.

Por outro lado, há aquelas empresas que, independentemente de seu porte, preferem apenas gerenciar as atividades de logística reversa, mesmo esta sendo estratégica para elas. Um exemplo é a empresa Hewllet-Packard

(HP) (FIORAVANTI & CARVALHO, 2006) que, mesmo sendo uma grande empresa, e tendo a logística reversa como uma atividade estratégica, prefere contratar uma empresa especializada para cuidar da parte operacional, ficando a cargo da HP apenas a gestão do processo.

Há outros casos, em que empresas por questões estratégicas, como as já citadas anteriormente, resolvem adotar um canal reverso, mas sem o interesse de recuperar componentes de seus produtos. O intuito nestes casos é apenas por questão operacional (os produtos defeituosos decorrentes da assistência técnica ficam armazenados na empresa) ou para proteção da marca. Algumas empresas, quando precisam se desfazer de computadores, impressoras e outros tipos de aparelhos eletrônicos, recorrem a empresas especializadas em logística reversa, pois não sentem necessidade de criar processos reversos para casos em que o aproveitamento de materiais e até mesmo a proteção da marca não são o foco. Para estas empresas, o mais importante é o respeito ao meio ambiente, e também a proteção dos dados contidos nos computadores. Esta proteção acontece quando a empresa destrói (ou contrata alguém para destruir) seus componentes, que contenham dados sigilosos sobre ela.

Quando a empresa decide terceirizar o processo de logística reversa, ela deve procurar no mercado uma empresa especializada nisto e, esta, é uma etapa muito importante, pois a escolha de um parceiro que não seja sério pode gerar graves problemas, inclusive jurídicos, para a empresa contratante. Para tanto, é importante escolher uma empresa com boa reputação no mercado e verificar se ela respeita o meio ambiente, as legislações locais e se tem permissão para a reciclagem e descarte de tais materiais. Outro fator muito importante é saber que destinação esta empresa dá aos produtos retornados, pois a empresa contratante permanece como co-responsável pela destinação dos materiais, mesmo deixando tal processo para uma outra organização.

A seguir, algumas considerações que a empresa deve fazer antes de contratar uma outra para cuidar do retorno e descarte dos produtos:

• Que tipo de certificação está disponível para documentar que o equipamento foi apropriadamente descartado ou reciclado?

• Como a empresa contratada lida com o retorno dos produtos?

• A empresa possui contratos com recicladores ou com refinarias para seus metais preciosos (presentes nos circuitos)?

• A empresa faz auditoria nestas empresas contratadas (mencionadas anteriormente)?

• O que a empresa faz com os materiais perigosos presentes nos equipamentos eletrônicos?

• A empresa rastreia o material e faz seu acompanhamento até o destino final?

• A empresa possui as ferramentas e instalações necessárias e funcionários treinados para desempenhar o serviço?

6.3 – A Empresa

A empresa X, que pediu para não ter seu nome divulgado, é uma multinacional, com sede nos Estados Unidos e filiais espalhadas na Ásia, Europa e América do Sul, além da própria América do Norte. No continente sul-americano, o depósito fica situado no estado de São Paulo, e conta com 13 funcionários. A empresa está no país desde 2005, após comprar uma firma nacional, que existia desde 2003.

O ramo de atuação de X é providenciar o retorno e o tratamento de produtos eletroeletrônicos de outras empresas (a empresa não trabalha com a linha branca, como refrigeradores e fogões, por exemplo).

6.4 – Operação

A empresa exige que seus clientes (empresas que contratam X para recolher seus produtos eletrônicos) acumulem um total de no mínimo 3.000 quilos de material para que, através de uma empresa de transporte contratada pela X, seja coletado diretamente da empresa contratante. O material recolhido é levado até o armazém de X e colocado em uma balança; em seguida, este material é posto em outra área, aguardando para ser desmontado e separado. O desmonte e a triagem ocorrem em um balcão comprido, onde ficam as ferramentas, e os funcionários dispostos um ao lado do outro. Eles retiram os produtos (ou apenas os componentes dos produtos) das embalagens e efetuam o desmonte. Em seguida, os materiais são separados por tipos, como, por exemplo: diversos tipos de plástico, vidro, componentes, circuitos, baterias, discos rígidos, e diversos outros.

As partes dos produtos que são perigosos ou nocivos são separadas e colocadas em um local, aguardando para serem enviadas para empresas especializadas no tratamento destes tipos de materiais. A X não envia material para aterros sanitários.

Os demais materiais, depois de serem separados, são colocados em caixotes com a identificação do seu tipo. CPUs de computadores, por exemplo, são enviados para a matriz, nos Estados Unidos, onde fica concentrado este tipo de material de todas as filiais. Algumas vezes, as CPUs são recicladas no Brasil mesmo, mas o ganho com a reciclagem deste material é muito pequeno, ficando em torno de dois centavos de real. O problema de se enviar esses componentes para a matriz é que eles são taxados como exportação. Os monitores de computador não são totalmente desmontados, o tubo catódico e os vidros (que contêm chumbo) são enviados para uma empresa responsável pelo tratamento destes materiais.

Componentes, como placas de memória, são triturados em uma máquina, e em seguida são armazenados em caixotes separados. A trituração é feita para que os fabricantes e clientes da empresa fiquem seguros de que seus dados e também os próprios componentes não serão reutilizados. Caso seja solicitado pelo cliente, os componentes triturados passam por outra máquina, para que sejam reduzidos a pedaços ainda menores. Após este processo, esse material é enviado para uma refinaria, situada na cidade de Antuérpia, na Bélgica. Esta empresa realiza um processo, onde são extraídos dos circuitos metais preciosos, como prata, ouro, platina e paládio, dentre outros. A X possui um representante na Antuérpia, para acompanhar este processo, e posteriormente acompanhar a medição da quantidade de metais preciosos extraídos em cada lote. Esta medição é realizada através de uma amostragem. Determinada quantidade de circuitos, de lotes diferentes, sofre o processo de extração dos metais preciosos e, em seguida, é informada a quantidade de metais encontrados.

X recebe um volume mensal de aproximadamente 15.000 kg de produtos para dar tratamento. A empresa tem cadastrados 67 tipos diferentes de materiais em seu banco de dados, ou seja, há 67 tipos de materiais diferentes, que compõem todos os produtos que X recebe e desmonta (o desmonte pode chegar a dividir em até 67 partes os produtos de alguns lotes).

6.5 – Negociação

As negociações da empresa X com os clientes dependem do tipo dos produtos que serão coletados. Alguns são compostos por materiais com alto valor de reciclagem (os que contêm circuitos com metais preciosos); outros são formados por componentes com baixo valor de reciclagem (como plásticos e vidros); e há ainda os que não possuem valor para reciclagem (como baterias e lâmpadas, por exemplo).

Se o produto a ser coletado for composto, basicamente, de material com alto valor para reciclagem, como circuitos de computadores e de celulares, a X, após cobrar para fazer o seu recolhimento, dá um percentual do lucro obtido com o aproveitamento dos metais preciosos (depois que estes forem medidos pela refinaria). Em alguns casos, a X pode até mesmo recolher os materiais de graça, e ainda pagar determinada quantia, se os componentes dos produtos forem de alto valor.

Há casos em que o material recolhido pela X não tem valor de reciclagem suficiente para cobrir os custos logísticos e de desmonte, principalmente se houver muitos materiais perigosos nos produtos (como baterias e lâmpadas). Para resolver tal questão, X partilha os custos do descarte deste material perigoso (ela paga para uma empresa especializada no tratamento destes materiais para recolhê-los) com a empresa contratante. Este tipo de cliente, o que oferece material de baixo ou nenhum valor de reciclagem, não desperta o interesse comercial de X, mas, mesmo assim, a empresa não se nega a atender a estes clientes.

Em muitos casos, quando o cliente solicita o recolhimento de produtos com baixo valor de reciclagem, como, por exemplo, aparelhos de som e DVDs, X tenta um acordo com o cliente, solicitando autorização para revender componentes dos produtos, como, por exemplo, as caixas de som, no caso dos aparelhos de som, e da caixa externa, no caso do DVD. Caso a empresa concorde, X não cobra pelo serviço de retorno dos produtos, mas caso a empresa não autorize, o serviço será cobrado, pois o material não terá valor de reciclagem suficiente para cobrir todos os custos de X. No Brasil, as empresas, em sua maioria, não costumam permitir a venda de seus componentes, porém nos Estados Unidos os empresários são mais flexíveis quanto a esta questão, e não se importam com a venda de parte de seus produtos. O receio das empresas brasileiras se deve ao fato de que elas não querem que seus produtos sejam revendidos por outras empresas para o cliente final, pois caso a mercadoria esteja com defeito, é a marca da empresa fabricante que terá sua imagem abalada frente ao consumidor.

Portanto, podemos resumir as negociações de X em quatro tipos distintos:

1 – X recebe pelo serviço de coleta.

2 – X recebe pelo serviço de coleta e a contratante recebe um percentual do lucro obtido.

3 – X paga pelo material recolhido e fatura alto com a reciclagem do mesmo.

4 – X paga pelo serviço de coleta, e a empresa contratante divide os custos do tratamento de materiais perigosos com X.

A negociação entre X e a refinaria acontece do seguinte modo: X paga para que a refinaria recolha o material triturado e encaminhe até a Europa; após o processo de separação dos materiais preciosos (baseado em uma amostragem de vários lotes), a refinaria informa qual o volume de metais obtidos e qual o valor correspondente. Após alguns poucos meses, a refinaria deposita a quantia devida para X. Este valor vai variar muito de acordo com os lotes de materiais enviados. Dentro destas remessas, pode haver muitos produtos que não possuem metais preciosos, ou, então, possuem muito pouco. Caso os lotes contenham muitos circuitos, a quantidade de metais preciosos será maior, assim como o lucro obtido com eles. De maneira geral, o valor que X recebe da refinaria cobre o que X pagou para enviar a mercadoria, e ainda lhe proporciona uma boa margem. Esta é a operação mais rentável para a empresa, tendo em vista que a reciclagem de materiais como plástico, vidro, papelão, cobre, alumínio e ferro rende pouco dinheiro. Materiais como discos rígidos e drivers de CD e DVD podem ser aproveitados por X, mas ainda estão em fase de negociação para se analisar a melhor utilização destes.

Em seguida, veremos um comparativo das principais receitas de X, com suas respectivas despesas. Ao lado de cada item, mostramos uma estimativa de valor ou de custo, com base no valor ou custo total de X.

Tabela 11 – Receitas x Despesas

Receitas	Despesas
Retirada de metais preciosos (valor: alto)	Custos logísticos (custo: alto)
Revenda de componentes (valor: médio)	Destinação de materiais perigosos para tratamento adequado (custo: médio)
Reciclagem de demais componentes (valor: baixo)	
Reaproveitamento de discos rígidos e drivers de CD e DVD (valor: indefinido)	

Fonte: Elaboração própria.

Para termos uma ideia da diferença entre valores pagos (ou recebidos) por cada tipo de material, veremos a seguir um exemplo com números aproximados, porém não correspondente à realidade. O exemplo é válido, no sentido de se analisar a divergência nos preços, identificando os materiais de maior valor, aqueles em que X paga a seus clientes, e aqueles com menor valor, em que X cobra de seus clientes para fazer o recolhimento. Apesar de todos os tipos de negociação que podem ocorrer, como vimos acima, de maneira geral a maioria dos produtos e componentes é paga por X ao cliente. Vejamos então o exemplo abaixo:

Tabela 12 – Lista de materiais

Valor unitário (R$/Kg)	Material
R$ 0,00	Inventory – Estoque
R$ 0,01	Adaptadores AC – AC adapters
R$ 0,21	Alumínio com outros metais – Dirty Aluminum
R$ 0,24	Alumínio Limpo – Clean Aluminum
R$ 0,04	Bandejas de componentes (Pretos) – IC Trays
R$ 0,04	Bandejas de componentes (Azuis) – IC Trays

Valor unitário (R$/Kg)	Material
(R$ 0,01)	Baterias chumbo-ácido – Lead-Acid Batteries
(R$ 0,44)	Baterias secas – Batteries
R$ 0,00	Bombonas plásticas – Plastic Gaylords/Barrels
R$ 0,00	Borracha – Rubber
R$ 0,11	Cabos – Cables
R$ 0,00	Capacitores – Capacitors
R$ 0,48	Circuitos integrados soltos – IC's Loose
R$ 0,24	Circuitos integrados soltos mistos – IC Scrap
R$ 0,68	Cobre – Copper
R$ 0,64	Conectores dourados – Gold Connectors
R$ 0,01	Conectores não dourados (sucata) – No Gold Connectors-Scrap
R$ 0,02	Ferro/Aço – Steel
R$ 0,02	Fontes de alimentação – Power supplies
R$ 0,18	HD – Drives-Hard
(R$ 0,44)	Lâmpadas fluorescentes – Flourescent Bulbs
R$ 0,12	Latão – Brass
(R$ 0,42)	LCDs ruins (sucata) – LCD Scrap
R$ 0,00	Lixo (restos de embalagem) – Trash
R$ 0,00	Pallets – peso e quantidade
R$ 0,00	Papel – Paper
R$ 0,01	Papelão – Cardboard
R$ 0,00	Pasta de solda – Solder Paste & Rags
(R$ 0,02)	Placas lisas (não rebarbas) – Bare Boards
R$ 0,16	Placas lisas com ponteiras de ouro – Bare Boards–Gold fingers

Valor unitário (R$/Kg)	Material
R$ 0,32	Placas com conectores dourados – Gold Connector Board
R$ 0,92	Placas de celulares com componentes – Populated cell Boards
R$ 0,53	Placas de celulares sem componentes – Bare cell boards
R$ 0,68	Placas com componentes (Médio valor para refinaria) – Boards – Populated for refining
R$ 0,04	Placas pesadas (Baixo valor para refinaria) – Low grade boards for refining
R$ 0,03	Plástico de engenharia limpo – Plastic de engenharia limpo
(R$ 0,09)	Plástico contaminado – Dirty Plastic
(R$ 0,02)	Rebarbas – Trims
R$ 0,00	Teclados – Keyboards
R$ 0,01	Ventoinhas – Fans
R$ 0,00	Vidro – Glass
R$ 0,00	Restos de desmontagem – Tear Down
R$ 0,00	ZZ– eMarketing
R$ 0,00	**ITENS PARA REVENDA – RESALE ITEMS**
R$ 0,01	Drives p/disquetes e CDs – Drives – 1.44, CDs, Tape – peso e quantidade
R$ 0,46	LCDs bons – Good LCDs
R$ 0,75	Monitores funcionando – Monitors Good – peso e quantidade
(R$ 0,15)	Monitores quebrados – Monitors Bad – peso e quantidade
R$ 0,17	HD peso e quantidade (quando for p/revenda)

Fonte: Elaboração própria a partir dos dados da pesquisa.

Vemos que em alguns casos X não paga nada pelo produto ou componente, porém a empresa contratante também não paga nada para X.

6.6 – Processo

Abaixo, na Figura 22, podemos observar o processo completo da empresa X, desde a chegada do material em seu armazém, até o faturamento, passando por todo o processo de recuperação de materiais, seja pela destruição, pelo reuso, pela reciclagem, pelo descarte ou pela extração dos metais preciosos.

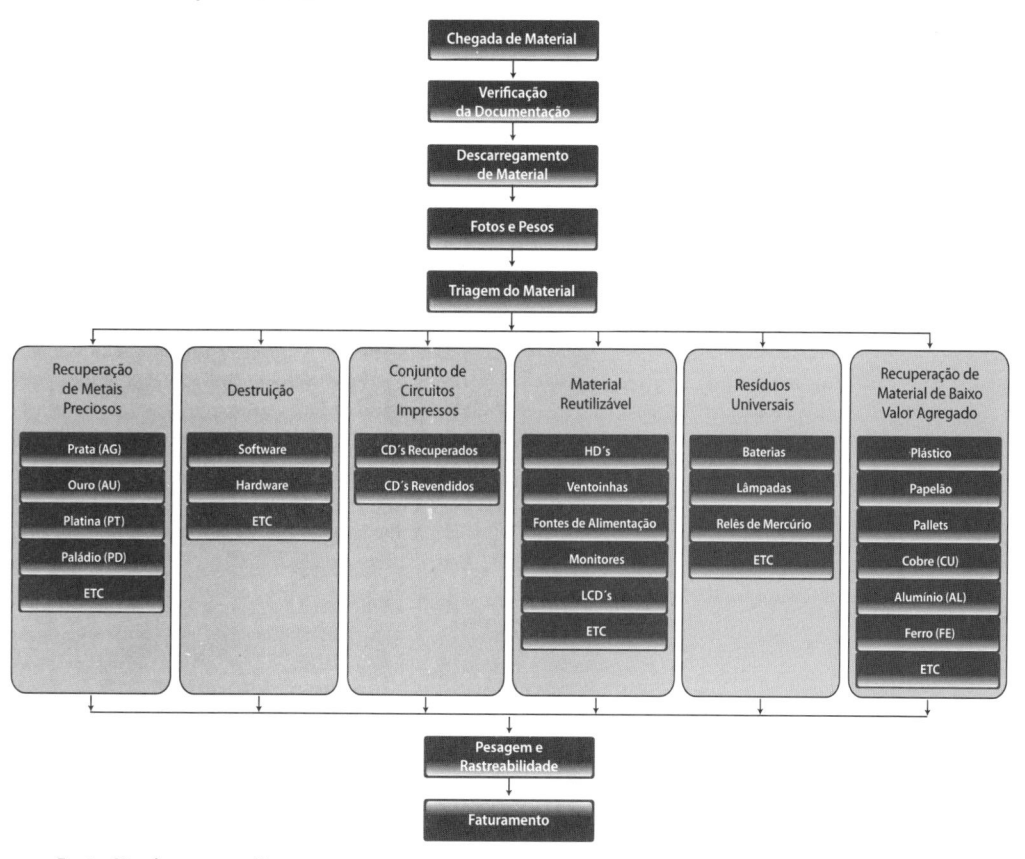

Fluxograma do processo:

Chegada de Material → Verificação da Documentação → Descarregamento de Material → Fotos e Pesos → Triagem do Material

Triagem do Material se divide em:

- **Recuperação de Metais Preciosos**: Prata (AG), Ouro (AU), Platina (PT), Paládio (PD), ETC
- **Destruição**: Software, Hardware, ETC
- **Conjunto de Circuitos Impressos**: CD's Recuperados, CD's Revendidos
- **Material Reutilizável**: HD's, Ventoinhas, Fontes de Alimentação, Monitores, LCD's, ETC
- **Resíduos Universais**: Baterias, Lâmpadas, Relés de Mercúrio, ETC
- **Recuperação de Material de Baixo Valor Agregado**: Plástico, Papelão, Pallets, Cobre (CU), Alumínio (AL), Ferro (FE), ETC

→ Pesagem e Rastreabilidade → Faturamento

Fonte: Site da empresa X.

Figura 22: Processo de recuperação de materiais.

6.7 – Benefícios Ambientais

A empresa X demonstra ser muito comprometida com o meio ambiente. A começar por sua atividade, pois se não houvesse quem fizesse o recolhimento dos materiais eletroeletrônicos das empresas, os produtos que estas descartam iriam para aterros sanitários comuns ou, então, seriam mandados para incineração. X tem total consciência da legislação brasileira no que diz respeito a corresponsabilidade, reiterando que a empresa acompanha o processo de descarte de seus produtos até o fim. Tal processo faz parte da sua própria política internacional.

Estes materiais que as empresas necessitam que sejam recolhidos são provenientes de três principais canais:

1 – materiais defeituosos, devolvidos pelos clientes, e sem interesse para conserto;

2 – materiais obsoletos que as empresas coletaram no mercado, com o intuito de vender suas linhas mais modernas;

3 – sobras de materiais gerados durante o processo produtivo da empresa.

Estes materiais ficam armazenados nos estoques das empresas, imobilizando capital e fazendo com que a empresa perca, além de dinheiro, espaço para mercadorias novas. Em razão disto, elas contratam a X para fazer o recolhimento deste material. De certa forma, as empresas clientes de X também são preocupadas com a preservação do meio ambiente, por isso optam por, em alguns casos, pagar para que X dê o correto tratamento aos seus produtos descartados.

Isso mostra que é possível unir a preservação do meio ambiente com vantagens financeiras. Além de não imobilizar capital e de ganhar espaço em seus armazéns, algumas empresas ainda ganham com a porcentagem do lucro que lhes é destinada por X (dependendo do tipo de seu material). X também consegue aliar o lucro operacional à responsabilidade ambiental. Sua atividade de coleta de mercadorias, por si só, já favorece o meio ambiente e, somado a isto, X não envia os materiais perigosos para os aterros sanitários, mas paga para que uma empresa dê o adequado tratamento aos mesmos. Apesar deste gasto, X consegue lucrar com o reaproveitamento de alguns materiais e com a reciclagem de outros.

Mesmo monitores de computador, nos quais o tubo catódico e os vidros não são separados, e não são facilmente reciclados, X paga uma empresa para dar o tratamento adequado ao material. Ela não descarta no meio ambiente ou em aterros sanitários.

Para se ter noção do impacto que um simples computador pode gerar ao meio ambiente, são dados dois exemplos reais. Os computadores são compostos por diversos tipos de materiais, sendo uns mais nocivos ao ambiente do que outros. Nos exemplos abaixo, veremos o caso de dois computadores diferentes, e qual sua composição de peso.

Tabela 13 – Exemplo de composição de computador

	Exemplo 1	Exemplo 2	Média	Porcentagem de peso
BRUTO/TOTAL	8,15	8,5	8,325	
Ferro	4	4,5	4,25	0,490797546
Plástico	0,3	0,43	0,365	0,036809816
Fonte	0,86	1,25	1,055	0,105521472
Placa mãe	0,58	0,45	0,515	0,071165644
Placa de vídeo	0,1	0,13	0,115	0,012269939
Placa de rede	0,13	0,1	0,115	0,01595092
HD	0,53	0,53	0,53	0,065030675
Disquete	0,36	0,36	0,36	0,044171779
CD Room	0,9	0,766	0,833	0,110429448
Cabos	0,1	0,1	0,1	0,012269939
Processador	0,04	0,04	0,04	0,004907975
Alumínio	0,11		0,11	0,013496933

Fonte: Elaboração própria a partir dos dados da pesquisa.

Podemos ver, assim, a composição de um computador, e em quantas partes ele é dividido na hora de seu desmonte.

7

Conclusão

A logística reversa se caracteriza pelo retorno de produtos defeituosos ou obsoletos do ponto de consumo até o ponto de origem, que pode ser o fabricante original do bem ou outra empresa que reuse ou reprocesse o bem.

A logística reversa de produtos eletrônicos visa a recuperação dos mesmos, buscando evitar o despejo destes materiais em aterros comuns ou, até mesmo, em lixões informais. Esse descarte impróprio gera um aumento da poluição ambiental, seja por meio de queimadas, jogando substâncias tóxicas no ar, seja por intermédio da contaminação dos lençóis freáticos, pela infiltração destas substâncias tóxicas no solo.

O que a logística reversa busca é recuperar estes produtos e lhes agregar valor. Essa recuperação de valor pode se dar das seguintes maneiras: reuso, reprocessamento, aproveitamento de partes e componentes, reciclagem e, por fim, o descarte adequado.

Um dos grandes desafios da logística reversa é inserir partes e componentes retirados de equipamentos retornados como matéria-prima para a fabricação de novos produtos. Para isso, depende-se de vários fatores envolvidos, como visto no trabalho, tais como: quantidade de material retornado, qualidade do produto, quando o material será coletado, custo para inseri-lo como matéria-prima e definição se o estilo de retorno será puxado ou empurrado.

O problema do descarte dos produtos eletrônicos não se dá apenas em nível local, mas também global. Pudemos observar que o comércio de produtos eletrônicos entre países desenvolvidos (exportadores) e países em desenvolvimento (importadores) é extremamente prejudicial ao meio ambiente e à população dos países que estão recebendo as mercadorias. Esta transação se dá pela desculpa, por parte dos países exportadores, de que estão enviando os produtos eletrônicos para ajudar no desenvolvimento digital dos países mais pobres, mas o que ocorre de fato é que a maioria dos equipamentos que são exportados é composta de lixos e substâncias perigosas. Este comércio de E-lixo vai contra a Convenção de Basel e as legislações de alguns países. A negligência e a omissão por parte dos governantes dos países importadores e exportadores, no que se refere ao controle de entradas e saídas destes produtos, acabam fazendo com que os principais afetados com isto tudo seja a população dos países pobres, além, é claro, do meio ambiente.

A proposta deste trabalho foi demonstrar os benefícios ambientais e financeiros da logística reversa de produtos eletrônicos. Para tanto, foram apresentados três estudos de caso.

No primeiro estudo de caso, foi observado que a partir da análise da produção de telas e cones para aparelhos de televisão, com tecnologia CRT, pudemos identificar a aplicação da logística reversa no processo, mostrando os benefícios da utilização de "cacos" no processo produtivo.

Foram mostrados os benefícios ambientais, os quais foram identificados como:

- Economia de recursos minerais.

- Economia de energia.

- Redução de materiais nos aterros sanitários.

- Diminuição de processos químicos que agridem o meio ambiente.

Em seguida, apresentamos os benefícios sociais, que foram apontados como os benefícios para a sociedade, em especial para os trabalhado-

Conclusão

res que manipulam as substâncias perigosas que estão contidas nas matérias-primas do vidro da tela e do cone.

Para finalizar, foi apresentado que, além de todos os demais benefícios, a empresa pode obter retornos financeiros advindos do que classificamos como benefícios financeiros. Para demonstrarmos estes benefícios, utilizamos as técnicas de Valor Presente Líquido (VPL) e de Taxa Interna de Retorno (TIR), onde, com base no fluxo de caixa incremental, provamos que com a utilização de "cacos" na produção de novos produtos, obtêm-se ganhos expressivos. A economia se reflete no custo final de produção, com a obtenção de matéria-prima a custo menor do que o de matéria-prima virgem e também na economia gerada com a ampliação da vida útil dos fornos, antes do reparo (houve um aumento de dois anos na vida útil).

Observou-se, também, que houve uma economia no consumo de energia, ao se trabalhar com temperaturas menores.

O estudo demonstrou que a aplicação da logística reversa pode gerar resultados que favoreçam o meio ambiente, a sociedade e as empresas.

O segundo estudo de caso demonstrou como a empresa Y obtém lucro com as suas atividades de logística reversa e, ao mesmo tempo, ajuda a preservar o meio ambiente.

Os processos de retorno de produtos foram divididos em retorno de computadores pessoais e grandes servidores. O maior lucro fica por conta deste último, onde a empresa consegue obter margem unitária de lucro maior do que a própria venda de máquinas novas.

O terceiro estudo de caso abordou a questão de um operador logístico e como empresas que não possuem escala suficiente para tornar viáveis as atividades de logística reversa dentro das mesmas podem se beneficiar destes operadores para cuidarem do fluxo reverso de seus produtos.

Essas empresas podem procurar estes operadores pensando fundamentalmente em três fatores principais: a preservação do meio ambiente, a proteção à sua marca, evitando que seus produtos que estejam defeituosos sejam vendidos por outras empresas sem serem corretamente consertados, e a busca pelo lucro, pois dependendo do tipo de material que seja disponibilizado ao operador logístico, caso o produto contenha muito metal precioso, o operador logístico repassa parte do lucro à empresa contratante.

A partir do estudo da teoria e dos estudos de caso elaborados, foi possível atingir o objetivo deste trabalho, que foi comprovar os benefícios ambientais e financeiros advindos do uso da logística reversa na indústria de eletrônicos.

Assim, foi possível mostrar para a sociedade e para os executivos das empresas, que a logística reversa, além de contribuir para a preservação do meio ambiente, é também uma atividade muito lucrativa para as empresas, se corretamente aplicada.

8

Bibliografia

BALLOU, R. "Business Logistics Management". Englewood Cliffs: Prentice-Hall, 1998.

BASEL ACTION NETWORK - BAN. "The digital dump: exporting, re-use and abuse to Africa". Media Release Version, 2005.

CARTER, C. R., ELLRAM, L. M. "Reverse logistics: A review of the literature and framework for future investigation". International Journal of Business Logistics, 19 (1):85-102, 1998.

DAVIS, M. M., AQUILANO, N. J., CHASE, R. B. "Fundamentos da Administração da Produção". Porto Alegre: Bookman, 2001.

DE BRITO, M. "Managing reverse logistics or reverse logistics management?". Erasmus Research Institute of Management. PhD thesis. Rotterdam, The Netherlands, Erasmus University: 69, 2003a.

DE BRITO, M., DEKKER, R. "Modelling product returns in inventory control – exploring the validity of general assumptions". International Journal of Production Economics 81-82: 225-241, 2003b.

DE BRITO, M. P. H., VAN DER LAAN, E. "Inventory Management with Product Returns: the Value of Information". ERIM Report Series Research in Management. ERS-2003-060-LIS, 2003c.

DE BRITO, M. P., DEKKER, R. "A framework for reverse Logistics". In: Dekker, R., Inderfurth, K., van Wassenhove, L., e Fleischmann, M., editors, "Reverse Logistics. Quantitative Models for Closed-Loop Supply Chains", chapter 1. Springer-Verlag, Berlin, Germany, 2004.

DOWLATSHAHI, S. "Developing a theory of reverse logistics". Interfaces 30 (3): 143-155, 2000.

EIA, JGPSSI, JEDEC. "Joint Industry Guide (JIG) – Material composition declaration for electronic products". JIG-101, 2005.

FERGUSON, N., BROWNE, J. "Issues in end-of-life product recovery and reverse logistics". Production, Planning and Control. Vol. 12, nº 5: 534-547, 2001.

FIORAVANTI, R., CARVALHO, M. "Visão sistêmica para a cadeia reversa: um estudo de caso no ramo de produtos eletrônicos". Anais do IX Simpósio de Administração da Produção, Logística e Operações Internacionais, 2006.

FLAPPER, S. D. P., VAN NUNEN, J. A. E. E., VAN WASSENHOVE, L.N. "Introduction to closed-loop supply chains". In Managing closed-loop supply chain, pp. 3-20, 2004.

FLEISCHMANN, M., JACQUELINE, M., VAN DER LAAN, E., VAN NUNEN, JO A. E. E. AND VAN WASSENHOVE, L.N. "Quantitative models for reverse logistics: a review". European Journal of Operational Research 103: 1-17, 1997.

FLEISCHMANN, M., KRIKKE, H. R., DEKKER, R., FLAPPER, S. D. P. "A characterization of logistics networks for product recovery". Omega 28: 653-666, 2000.

FLEISCHMANN, M., BEULLENS, P., BLOEMHOF-RUWAARD, J. M., WASSENHOVE, L. N. V. "The impact of product recovery on logistics network design". Production and Operations Management. Vol. 10, nº 2, summer, 2001.

FLEISCHMANN, M., KUIK, R., DEKKER, R. "Controlling inventories with stochastic item returns: A basic model". European Journal of Operational Research 138: 63-75, 2002.

FLEISCHMANN, M., NUNEN, J. V., GRÄVE, B. "Integrating closed-loop supply chains and spare-parts management at IBM". Interfaces. Vol. 33, nº 6: 44-56, 2003.

FRENCH, M. LAFORGE, R. L. "Closed Loop Supply Chain in process industries: an empirical study of producer re-use issues" Journal of Operations Management 24:271–286, 2006.

GERAGHTY, K. "An update on the WEEE and RoHS directives". Circuit World 29/4: 51-52, 2003.

GLENN, R. R., CHEN, H., GENCHEV, S. E., DAUGHERTY, P. J. "Developing effective reverse logistics programs". Industrial Marketing Management 34: 830-840, 2005.

GOOSEY, M. "End-of-life electronics legislation – an industry perspective". Circuit World 30/2: 41-45, 2004.

GREENPEACE. ww.greenpeace.org/international/en/campaigns/toxics/ electronics/how-the-companies-line-vp/. Acessado em julho de 2010.

GUIDE JR, V. D. R. "Production planning and control for remanufacturing: industry practice and research needs". Journal of Operations Management. Vol. 18: 467-83, 2000.

GUILTINAN, J., NWOKOYE, N. "Reverse channels for recycling: an analysis for alternatives and public policy implications". In Curhan, R. G., editor, New marketing for social and economic progress, Combined Proceedings. American Marketing Association, 1974.

GUPTA, S. M., TALEB, K. N. "Scheduling disassembly". International Journal of Production Research 32 (8): 1857-1866, 1994.

JORGENSEN, B. "RoHS, the Coherent way". Electronic Business, 2006.

KANG, H., SCHOENUNG, J. M. "Electronic waste recycling: a review of U.S. infrastructure and technology options". Resources, Conservation and Recycling 45: 368-400, 2005.

KIESMUELLER, G. "A new approach for controlling a hybrid stochastic manufacturing/remanufacturing system with inventories and different lead times". European Journal of Operational Research 47: 62-71, 2003.

KRIKKE, H. "Recovery strategies and reverse logistic network design". Institute for Business Engineering and Technology Application. PhD thesis. Enschede, The Netherlands, University of Twente: 254, 1998.

KROON, L., VRIJENS, G. "Returnable containers: an example of reverse logistics". Omega 30: 325-333, 1995.

KUEHR, R., WILLIAMS, E. "Computers and the environment – understanding and managing their impacts". Kluwer. Holanda: Academic Publishers. United Nations University, 2003.

KUMAR, S., MALEGEANT, P. "Strategic alliance in a closed-loop supply chain, a case of manufacturer and eco-non-profit organization". Technovation 2005.08.002, 2005.

LAMBERT, D. M., STOCK, J. R. "Strategical Physical Distribution Management". Homewood, IL, 1981.

LEFF, E. "Racionalidade Ambiental – a reapropriação social da natureza". Rio de Janeiro: Civilização Brasileira, 2006.

LEITE, P. R. "Logística reversa – meio ambiente e competitividade" (Reverse logistics – environment and competitiveness). São Paulo: Pearson Prentice-Hall, 2003.

MARCUSE, H. "A ideologia da sociedade industrial: o homem unidimensional". Rio de Janeiro: Zahar Editores, 1979.

MARX-GÓMEZ, J., RAUTENSTRAUCH, C., NÜRNBERGER, A., KRUSE, R. "Neuro-fuzzy approach to forecast returns of scrapped products to recycling and remanufacturing". Knowledge-Based Systems 15: 119-128, 2002.

MIGUEZ, E. "Logística reversa de produtos eletrônicos: benefícios ambientais e financeiros". COPPE/UFRJ. Dissertação de mestrado. Rio de Janeiro, 2007.

POHLEN, T. L., FARRIS, T. "Reverse logistics in plastics Recycling". International Journal of Physical Distribution & Logistics Management, 22 (7): 35–47, 1992.

PRAHINSKI, C., KOCABASOGLU, C. "Empirical research opportunities in reverse supply chains". Omega 34: 519-532, 2006.

REVERSE LOGISTICS COUNCIL. http://www.rlec.org. Acesso em agosto de 2007.

REVERSE LOGISTICS COUNCIL – RLEC PROJECTS. "Apparel manufacturers survey". Chicago, IL 1999.

ROGERS, D. S., TIBBEN-LEMBKE, RONALD S. "Going backwards: reverse logistics practices and trends". Reno, Nevada, Reverse Logistics Executive Council, 1998.

ROGERS, D. S., TIBBEN-LEMBKE, RONALD S. "An examination of Reverse Logistics practices". Journal of Business Logistics. Vol. 22, nº 2: 129-148, 2001.

ROGERS, D. S., TIBBEN-LEMBKE, RONALD S. "Special Feature – reverse logistics. Differences between forward and reverse logistics in a retail environment". Supply Chain Management: an international journal. Vol. 7, nº 5: 271-282, 2002.

SOUZA, G. C., KETZENBERG, M. E, GUIDE JR, V. D. R. "Capacitated remanufacturing with service level constraints". Production and Operations Management; summer 2002; 11, 2; ABI/INFORM Global, 2002.

STOCK, J. R. Reverse Logistics. Council of Logistics Management, Oak Brook, IL, 1992.

STOCK, J., SPEH, T., SHEAR, H. "Many happy (product) returns". Harvard Business Review, July:16, 2002.

TIBBEN-LEMBKE, R. S. "Life after death: reverse logistics and the product life cycle". International Journal of Physical Distribution & Logistics Management 32, nº 3:223-244, 2002.

TOKTAY, B., VAN DER LAAN, E., DE BRITO, M. P. "Managing product returns: the role of forecasting". Econometrics Institute Report EI 11, 2003.

VAN DER LAAN, E., SALOMON, M., DEKKER, R., WASSENHOVE, L. "Inventory controll in hybrid systems with remanufacturing". Management Science. Vol. 45, nº 5: 733-747, 1999.

QUALITYMARK EDITORA

Entre em sintonia com o mundo

QualityPhone:

0800-0263311

Ligação gratuita

Qualitymark Editora
Rua Teixeira Júnior, 441 – São Cristóvão
20921-405 – Rio de Janeiro – RJ
Tels.: (21) 3094-8400/3295-9800
Fax: (21) 3295-9824
www.qualitymark.com.br
e-mail: quality@qualitymark.com.br

Dados Técnicos:

• Formato:	16 x 23 cm
• Mancha:	12 x 19 cm
• Fonte:	Myriad Pro
• Corpo:	11
• Entrelinha:	13
• Total de Páginas:	112
• 1ª Edição	Setembro de 2010
• 1ª Reimpressão:	2012